Schriftenreihe des Arbeitskreises
Europäische Integration e. V.

Band 7

Bildungspolitik in der Europäischen Gemeinschaft

Aktuelle Probleme und Ausblick

hrsg. von Dr. iur. Hermann Schmitz-Wenzel
in Gemeinschaft mit dem Arbeitskreis Europäische Integration e. V.

mit Beiträgen von:

Helmut Brumhard
Wolfgang Buss
Roger Faist
Felix Kempf
Gerhart Mahler
Dr. Jürgen Miksch
Prof. Dr. Hermann Müller
Dr. Rüdiger Stephan
Dr. Klaus Winkel

Nomos Verlagsgesellschaft
Baden-Baden

CIP-Kurztitelaufnahme der Deutschen Bibliothek

Bildungspolitik in der Europäischen Gemeinschaft:
Aktuelle Probleme u. Ausblick / hrsg. von Hermann Schmitz-Wenzel. Mit Beitr. von: Helmut Brumhard ... – 1. Aufl. – Baden-Baden, Nomos Verlagsgesellschaft, 1980.
(Schriftenreihe des Arbeitskreises Europäische Integration e. V.; Bd. 7)
ISBN 3–7890–0549–5
NE: Schmitz-Wenzel, Hermann [Hrsg.]; Brumhard, Helmut [Mitarb.].

1. Auflage 1980

Vorwort

Der Arbeitskreis Europäische Integration e.V. veranstaltete vom 9. bis zum 10. Oktober 1978 ein Symposion zum Thema »Bildungspolitik in der Europäischen Gemeinschaft – Aktuelle Probleme und Ausblick«. Die Veranstaltung fand in den Räumen des Europäischen Zentrum für die Förderung der Berufsbildung in Berlin statt. Wissenschaftliche Vorbereitung und Leitung des Symposions sowie die Betreuung der Drucklegung der Tagungsbeiträge hatte Herr Ministerialrat Dr. Hermann Schmitz-Wenzel (Bonn) übernommen, dem wir dafür unseren besonderen Dank aussprechen. Allen Referenten sei für ihre Bereitschaft gedankt, die Beiträge in der Schriftenreihe des Arbeitskreises zu veröffentlichen.

Bonn, im April 1980

Vorstand des Arbeitskreises

Prof. Dr. *Ronald Clapham,* Siegen
Dr. *Fritz Franzmeyer,* Berlin
Prof. Dr. *Beate Kohler,* Darmstadt
Ministerialrat Dr. *Martin Seidel,* Bonn
Prof. Dr. *Manfred Zuleeg,* Frankfurt

Inhaltsverzeichnis

Einführung

Der Arbeitskreis »Europäische Integration e.V.« führte erstmals am 14./15. Oktober 1976 in Bonn ein – vom Herausgeber des vorliegenden Bandes initiiertes – wissenschaftliches Kolloquium zu dem Thema »Europäische Bildungspolitik« durch. Wolfgang W. Mickel veröffentlichte die Tagungsergebnisse in einem Sammelband[1]. Die Teilnahme u. a. von Dr. Guido Brunner, verantwortliches Mitglied der EG-Kommission für Energiepolitik, Forschung, Wissenschaft und Bildung sowie des zuständigen Generaldirektors der EG-Kommission, Dr. Schuster, des damaligen Staatssekretärs im Bundesministerium für Bildung und Wissenschaft und heutigen Wissenschaftsministers des Landes Nordrhein-Westfalen, Professor Dr. Jochimsen, und des Generalsekretärs der Ständigen Konferenz der Kultusminister der Länder, Dr. Schulz-Hardt, war eine Bestätigung für die politische Relevanz der Themenwahl. Allerdings zielten die Veranstalter im Jahre 1976 in erster Linie darauf ab, die Ansätze der bis in das Jahr 1971 zurückreichenden bildungspolitischen Zusammenarbeit im Rahmen der EG an dem größeren Zusammenhang der z. T. bereits seit den 50er Jahren auf diesem Gebiet tätigen Organisationen (Europarat, Ständige Konferenz der Europäischen Erziehungsminister, der OECD, aber auch der Regional-Konferenzen der UNESCO) zu messen[2]. Die Beiträge von Brunner, Jochimsen, Schuster und Mickel auf der Bonner Tagung des Arbeitskreises im Jahre 1976 spiegelten jedoch naturgemäß schon damals die EG-spezifischen Zielsetzungen der »Entschließung des Rates und der im Rat vereinigten Minister für Bildungswesen vom 9. Februar 1976 mit einem Aktionsprogramm im Bildungsbereich« wieder. Schwerpunkte dieses Aktionsprogrammes waren insbesondere:

- Bessere Möglichkeiten der Bildung und Ausbildung der Staatsangehörigen von anderen Mitgliedsstaaten der Gemeinschaften und von Nicht-Mitgliedsländern sowie ihrer Kinder,
- Verbesserung der »Korrespondenz« der Bildungssysteme in Europa,
- Zusammenarbeit auf dem Gebiet des Hochschulwesens,
- Fremdsprachenunterricht.

1 »Europäische Bildungspolitik« – Arbeitsmittel für Studium und Unterricht –, 1978
2 vergl. hierzu a.a.O. *Coester, Vorbeck, Keller* und *Schulz-Hardt*

Im Verständnis des Arbeitskreises »Europäische Integration e. V.« war es möglich und notwendig[3], im Herbst 1978 (Berlin, 9./10. Oktober 1978) im Rahmen eines ganz auf die »Bildungspolitik in der Europäischen Gemeinschaft« abgestellten Symposiums, das der Unterzeichner als Mitglied des Vorstandes des Arbeitskreises vorbereitete und leitete, eine Zwischenbilanz unter besonderer Berücksichtigung des im Jahre 1976 beschlossenen Aktionsprogrammes zu ziehen[4]. Die Wahl des durch Verordnung des Rates vom 10. Februar 1975 errichteten »Europäischen Zentrums für die Förderung der Berufsbildung« als Tagungsort brachte gleichzeitig einen thematischen Schwerpunkt des Symposiums zum Ausdruck. Jedoch sollte die Formulierung des Themas »Bildungspolitik in der Europäischen Gemeinschaft« andeuten, daß diese Dimension der Bildungspolitik nicht notwendigerweise an die EG-Organe im formellen Sinne gebunden sein muß, sondern daß sowohl der Ausbau bilateraler Erfahrungen[5], als auch die autonome Ausgestaltung der Gesetze der Mitgliedsstaaten und ihrer Verwaltungspraxis einen wichtigen Beitrag zu diesem Ziel leisten können.

Das Thema »Bildungspolitik in der Europäischen Gemeinschaft« lag auch deshalb nahe, weil einerseits in der Bundesrepublik Deutschland eine lebhafte bildungspolitische Debatte unter dem Gesichtspunkt »der einheitlichen Lebensverhältnisse im ganzen Bundesgebiet« eingesetzt hatte[6], die auch noch heute unvermindert andauert. Eine realistische Abwägung der hieraus für eine europäische Bildungspolitik zu ziehenden Schlußfolgerungen schien damals verlockend, wenngleich wohl noch um mindestens ein Jahrzehnt verfrüht.

Andererseits wurde gerade 1978 mit einem skeptischen Grundton von Sachverständigenseite der Länder die Frage nach den Möglichkeiten und Grenzen supranationaler europäischer Kultur- und Bildungspolitik aufgeworfen[7].

3 Dies bestätigte auch die Fachveranstaltung III »Europäische Bildungspolitik – Bilanz und Zukunft« im Rahmen der »Europatage '78« (5., 6. u. 9. September 1978) der Regierung des Landes Baden-Württemberg am 6. 9. 1978; vgl. die über die »Europatage '78« erstellte Dokumentation »Die Zukunft gewinnen – Europa wählen«, 1979, S. 103ff.

4 Zum Stand Ende 1978 vergl. »Zwölfter Gesamtbericht über die Tätigkeit der Europäischen Gemeinschaften 1978«, S. 245ff »Bildungspolitik und kultureller Bereich«; Ende 1979: Dreizehnter Gesamtbericht S. 240ff.

5 vergl. beispielhaft hierfür *Rüdiger Stephan* »Die akademischen Beziehungen – Für eine transnationale Konzeption internationaler Zusammenarbeit« in »Deutschland, Frankreich, Europa – Bilanz einer schwierigen Partnerschaft«, herausgegeben von *Robert Picht*, S. 268ff.

6 vergl. »Bericht der Bundesregierung über die strukturellen Probleme des föderativen Bildungssystems«, Bundestagsdrucksache 8/1551 vom 23. 2. 1978, veröffentlicht in der Schriftenreihe des Bundesministers für Bildung und Wissenschaft »Bildung und Wissenschaft«, Heft 13

7 *Rübsaamen*, »Möglichkeiten und Grenzen supranationaler europäischer Kultur- und Bildungspolitik« in »Bildung und Erziehung« (31. Jg. Heft 3/Juni 1978)

Die in der Sache selbst sehr konstruktive Rolle der Länderseite und ihres Sachverstandes fand etwa gleichzeitig unter besonderer Betonung der pädagogischen Praxis in einer Veröffentlichung von Kästner »Die europäische Komponente im Bildungsauftrag der Schule«[8] ihren Niederschlag.
Die Veröffentlichung »Ein Studentenhandbuch – Das Hochschulwesen in der Europäischen Gemeinschaft«[9] hatte dem realistischen Beobachter der Problematik jedoch schon einen deutlichen Hinweis darauf geliefert, daß auf absehbare Zeit Sinn und Zweck aller Bemühungen um eine »Bildungspolitik in der Europäischen Gemeinschaft« – neben einer punktuellen Finanzierung von Experimenten und Modellvorhaben – vielleicht doch im wesentlichen[10] nur darin bestehen kann, dem EG-Bürger Schritt für Schritt in einem einheitlichen Wirtschafts- und Lebensraum eine persönliche und berufliche Freizügigkeit ohne bildungspolitische Hemmnisse zu gewährleisten, vergleichbar der in Art. 11 Abs. 1 des GG allen Deutschen gewährleisteten »Freizügigkeit im ganzen Bundesgebiet« und dem in Art. 12 Abs. 1 des GG verankerten Recht aller Deutschen, »Beruf, Arbeitsplatz und Ausbildungsstätte frei zu wählen«[11]. Hierfür spricht auch, daß der Deutsche Bundestag und sein Ausschuß für Bildung und Wissenschaft gerade das Thema »Europäische Hochschulpolitik« auch im Jahre 1978 wieder aufgegriffen haben.
In der 122. Sitzung des Deutschen Bundestages am 6. 12. 1978 fand hierüber sogar eine ausführliche Erörterung im Plenum des Deutschen Bundestages statt.
Der Zeitpunkt für die Durchführung eines Symposiums »Bildungspolitik in der Europäischen Gemeinschaft« war auch deshalb günstig, weil – parallel zu dem durch die Entschließung vom 9. 2. 1976 ausgelösten bildungspolitischen Impuls – der Europäische Rat der Staats- und Regierungschefs am 7./8. 4. 1978 in Kopenhagen einen Grundsatzbeschluß über die Gründung

Betont gemeinschaftsfreundlich im Sinne einer Einbeziehung bildungspolitischer Aufgaben in die EG, *Maaß* »Die Bildungspolitik der Europäischen Gemeinschaft« (mit einer vorzüglichen Dokumentation), 1978, Seite 26

8 *Kästner,* »Die europäische Komponente im Bildungsauftrag der Schule«, 1978; zum Beschluß der Kultusministerkonferenz vom 8. 6. 1978 »Europa im Unterricht«: *Zöllner* ». . . auch für das Leben in Europa lernen wir«, in EG-Magazin 9/1979, S. 16ff sowie neuestens Kästner »Erziehung zum Gemeinschaftsbürger – Die europäische Aufgabe der deutschen Schule« – in *Westermanns* Pädagogische Beiträge 7/1979, S. 247ff.

9 Kommission der Europäischen Gemeinschaften, herausgegeben von *Manfred Stassen,* 1977; eine 2. Auflage ist im Oktober 1979 erschienen.

10 hiermit im Ergebnis übereinstimmend: S. 18, 25–26, 99

11 vergl. insoweit die politisch bedeutsame »Stellungnahme der Kultusministerkonferenz zum Bericht der Enquête-Kommission Auswärtige Kulturpolitik des Deutschen Bundestages« (BT 7/4121) und zur Stellungnahme der Bundesregierung (BT 8/927)« vom 23./24. 11. 1978, Luchterhand-Verlag 1978, S. 17ff.

einer »Europäischen Stiftung« faßte[12]. Der Europäische Rat griff mit dieser Entscheidung einen Vorschlag auf, den der belgische Ministerpräsident Leo Tindemans in seinem Bericht über die »Europäische Union« am 29. Dezember 1975 dem Europäischen Rat unterbreitet hatte, dem er seinerzeit als Regierungschef noch selbst angehörte. Nach den Vorstellungen von Tindemans sollte das Hauptgewicht der »Europäischen Stiftung« auf die zwischenmenschlichen Kontakte gelegt werden: Jugendarbeit, Studienaustausch, wissenschaftliche Diskussionen und Kolloquien, Zusammenkünfte sozio-professioneller Gruppen, kulturelle und Informationstätigkeiten[13] [14]. Die »Europäische Stiftung« hätte eine fruchtbare projektorientierte komplementäre bildungspolitische Funktion im Verhältnis zu den im Aktionsprogramm vom 9. 2. 1976 angelegten Zielsetzungen übernehmen können; die Notwendigkeit ihrer Gründung hat im September 1979 der Botschafter der Bundesrepublik Deutschland in Rom, Dr. Arnold, in einem »Plädoyer für eine Europäische Kulturpolitik« nochmals mit Nachdruck unterstrichen[15]. Die »Europäische Stiftung« ist jedoch bisher an der Frage gescheitert, ob die Gemeinschaft grundsätzlich (Gemeinschaft als Vertragspartner des Gründungsabkommens) und finanziell Mitträger der Stiftung werden soll. Im Augenblick ist es völlig ungewiß, ob überhaupt noch ein ausreichendes Interesse der Mitgliedsstaaten an der Gründung der Stiftung, u. a. als Hilfsinstrument einer bildungspolitischen Zusammenarbeit in der Gemeinschaft, besteht.

Das Berliner Symposium des Arbeitskreises »Europäische Integration e.V.« hat insgesamt recht deutlich die Grenzen einer Bildungspolitik der Organe der Europäischen Gemeinschaft bewußt gemacht. Hierbei wurde durchaus die enge Interdependenz gesehen, die zwischen den Bereichen »Bildungspolitik« einerseits und »Beschäftigung und Sozialpolitik« andererseits besteht. Es wurde erkannt, daß bei der Beurteilung der jeweils erreichten Fortschritte nicht nur die Beschlüsse der Bildungsminister, sondern in gleicher Weise die Ratstagungen in der Zusammensetzung der Arbeits- und Sozial-

12 »Die Stiftung wird durch Übereinkommen geschaffen, die von den im Rat vereinigten Vertretern der Regierungen der Mitgliedsstaaten geschlossen werden. Damit die Stiftung ihre Tätigkeit unverzüglich aufnehmen kann, sorgen die Vertreter dafür, daß diejenigen Bestimmungen, die nicht von den nationalen Parlamenten genehmigt werden müssen, sofort nach Modalitäten, die von ihnen festgelegt werden, in Kraft treten.«

13 *Schneider* und *Wessels* »Auf dem Weg zur Europäischen Union?« – Diskussionsbeiträge zum Tindemans-Bericht –«, 1977, insbesondere S. 275–276.

14 Vergl. weiter das Sammelwerk »Kulturpolitik für Europa – Planungsansätze europäischer Stiftungsarbeit«, herausgegeben von *Robert Picht,* 1977, insbes. Rapp »Die Notwendigkeit einer europäischen Fremdsprachenpolitik« a.a.O. S. 25ff.

15 EG-Magazin 9/1979, S. 8–9

minister einzubeziehen sind, die auf einer etwas sichereren gemeinschaftsrechtlichen Grundlage regelmäßig so wichtige Anliegen wie die Bekämpfung der Jugendarbeitslosigkeit, der Berufsbildung und der Maßnahmen zugunsten der Wanderarbeitnehmer und ihrer Familien beraten und die insoweit anstehenden Beschlüsse fassen[16]. Auch wurde beachtet, daß aus den Mitteln des Europäischen Sozialfonds seit 1971 fast 90% der Zuschüsse (Stand: Dezember 1977) für Zwecke der Berufsbildung und nur 10% zur Umsiedlung von Arbeitskräften gezahlt worden sind. Weiter wurde als ein Gradmesser für den politischen Stellenwert der Bildungspolitik in der Europäischen Gemeinschaft Art. 392 (»Aktionen im Bildungsbereich«) des Haushaltsplanes der Europäischen Gemeinschaften und seine Entwicklung im Zeitraum seit 1976 herausgestellt[17].
Gleichwohl gewann im Verlaufe des Symposiums die »Stellungnahme der Kultusministerkonferenz zur Auswärtigen Kulturpolitik«[18] an Plausibilität, daß jedenfalls auf absehbare Zeit noch »die Schwierigkeiten einer Bildungspolitik der Organe der Europäischen Gemeinschaft in der Natur und den Gegenstandsbereichen Bildung und Kultur, die sich wesensmäßig zentraler oder supranationaler Normierung und Integration entziehen, selbst begründet liegen; sie könne sich deshalb nur an den spezifischen Zielen der Gemeinschaft orientieren«, d. h. der Freizügigkeit der EG-Bürger.
Die Tatsache, daß trotz fester Terminplanungen die Tagung des Rates der im Rat vereinigten Bildungsminister sowohl am 27. 11. 1978 (Dänemark und Frankreich), als auch am 6. 11. 1979 (Dänemark), wegen grundsätzlicher Einwendungen dieser Mitgliedstaaten nicht zustande kam, bestätigt diese Einschätzung. Wenn auch – durchaus bezeichnend für die Rücksichtnahme der französischen Regierung auf die innenpolitische Gesamtsituation – nach

16 vergl. »Zwölfter Gesamtbericht über die Tätigkeit der europäischen Gemeinschaften 1978«, S. 133ff.
Zum Grundsätzlichen: u. a. *Weinstock* in »Neun für Europa – die EWG als Motor europäischer Integration – 1973«, S. 163ff. sowie *Schmitz-Wenzel* a.a.O. S. 156ff. »Bildungspolitik als europäische Gesellschaftspolitik«

17

Posten 3920:	1976 – 532 697 RE (1 RE = 3,66 DM)
Durchführung des	1977 – 675 000 RE
Aktionsprogramms	1978 – 1 495 003 ERE (1 ERE = 2,50 DM)
im Bildungsbereich	1979 – 1 500 000 ERE
	1980 – 1 700 000 ERE
Posten 3921:	1976 –
Vorbereitung der	1977 –
Jugendlichen auf	1978 – 3 509 641 ERE
das Arbeitsleben	1979 – 3 990 000 ERE
	1980 – 4 500 000 ERE

18 vergl. Fußnote 11, Stellungnahme der KMK a.a.O. S. 19

den ersten Direktwahlen zum Europäischen Parlament (9. 6. 1979) inzwischen die französischen Bedenken zur Rechtsgrundlage und Rechtsform der bis 1976 auch französischerseits nicht in Frage gestellten »Entschließungen des Rates und der im Rat vereinigten Minister für Bildungswesen« (sog. »gemischte Formel«) im wesentlichen ausgeräumt werden konnten, bestehen die grundsätzlichen integrationspolitischen Einwände der dänischen Regierung gegen die Ansiedlung, insbesondere der Fragen

- Einbeziehung von Studenten aus anderen Mitgliedstaaten in die Hochschuleinrichtungen eines anderen Mitgliedstaates,
- Fremdsprachenunterricht in der Gemeinschaft,
- die Europäische Gemeinschaft und Europa als Unterrichtsgegenstand in den Schulen,

auf der Ebene der Gemeinschaft, auch auf dem Wege über Art. 235 EWG-Vertrag, unverändert fort. Auch von deutscher Seite gibt es noch durchaus nicht zu unterschätzende Schwierigkeiten, ob im Bereich des Bildungswesens hinsichtlich der gemeinschaftlichen Durchführung und der Finanzierung von Aktionen im Bildungswesen, insbesondere im Falle einer erheblichen Ausweitung der bei Art. 392 des EG-Haushaltsplanes veranschlagten Mittel, der Weg über Art. 235 EWG-Vertrag beschritten und gegenüber den Ländern durchgesetzt werden könnte. Die Kultusminister-Konferenz hat durch Beschluß vom 4./5. 10. 1979 ihre Auffassung wiederholt, daß »in den Entschließungen der Bildungsminister im Rahmen der EG eindeutig zwischen Maßnahmen mit Rechtsgrundlage in den Römischen Verträgen und solchen aufgrund vereinbarter Zusammenarbeit zu unterscheiden sei«. Dies bestätigt eine weitere Schlußfolgerung des Berliner Symposiums des Arbeitskreises »Europäische Integration e.V.«, daß in manchen Punkten als »alternative Lösung« – unabhängig von z. Z. noch nicht erreichbaren zwischenstaatlichen Lösungen – eine »Europäisierung des Bildungswesens« einzelner Mitgliedstaaten auf dem Wege autonomer nationaler Gesetzgebungsakte[19] und bei der Durchführung bestehender Gesetze oder einer entsprechenden Ausgestaltung der nationalen Verwaltungspraxis in Betracht gezogen werden könnte. Als eine Bewährungsprobe hierfür bietet sich das weite Feld der »Integration der ausländischen Arbeitnehmer und ihrer Familien in der Bundesrepublik Deutschland« an, mit dem sich in den Jahren 1978 und 1979 mit wachsender Intensität sowohl der Deutsche Bundestag und fast alle Landtage, ebenso wie durchgängig die Massenmedien ausführlich befaßt

19 Hochschulrahmengesetz vom 26. 1. 1976, Bundesausbildungsförderungsgesetz vom 26. 8. 1971, Graduiertenförderungsgesetz vom 27. 1. 1976, Berufsbildungsgesetz vom 24. 8. 1969, Ausbildungsplatzförderungsgesetz vom 7. 9. 1976, Arbeitsförderungsgesetz vom 25. 6. 1969 sowie die Schul- und Hochschulgesetze der Länder.

haben. Die sich insoweit gerade im schulischen Bereich (einschließlich Vorschule) und der beruflichen Bildung stellenden schwerwiegenden Probleme sind einer der Schwerpunkte in dem Memorandum, das Heinz Kühn, Ministerpräsident a. D., als Sonderbeauftragter der Bundesregierung am 28. September 1979 dem Bundeskanzler zugeleitet hat[20]. Hier wird sich in den nächsten Jahren am konkretesten ablesen lassen, ob die politischen Instanzen der Bundesrepublik Deutschland ein überwiegend institutionell orientiertes Verständnis einer »verfaßten Europapolitik« haben oder ob sie aus drängenden sozialen und humanitären Erwägungen auch zu großzügigen autonomen »nationalen Lösungen« bereit sind[21].

Zu der weiteren Entwicklung auf der Gemeinschaftsebene schreibt die Bundesregierung in ihrem »Bericht über die Integration in den Europäischen Gemeinschaften«[22] (Berichtszeitraum April 1979 bis September 1979), zu Ende der Präsidentschaft Frankreichs habe der französische Erziehungsminister die Bildungsminister der übrigen Mitgliedstaaten sowie das zuständige Mitglied der Kommission zu einem »Informellen Treffen« am 22. Juni 1979 nach Paris eingeladen.

Dieses Treffen, an dem die Minister Deutschlands, Frankreichs, Großbritanniens, Irlands und der Niederlande teilnahmen, hatte nach längerer Zeit wieder einem direkten Meinungsaustausch der Minister über die Möglichkeiten einer weiteren Zusammenarbeit im Bildungsbereich im Rahmen der EG gedient.

Die Minister waren sich darin einig, daß die bestehende Zusammenarbeit im Bildungswesen trotz einiger rechtlicher, administrativer und finanzieller Hindernisse fortgesetzt und intensiviert werden müsse, da bei der derzeitigen Konstellation die Bildungsminister nicht abseits stehen dürfen, wenn über den Aufbau und die Gestaltung Europas nachgedacht werde. Sie haben daher gemeinsam nach den Maßnahmen gesucht, mit denen sie – wenn sie gemeinsam verwirklicht werden – besser der nationalen Verantwortung ge-

20 Das Memorandum fand insgesamt eine eher zurückhaltende Aufnahme. Möglicherweise werden die Vorschläge des Koordinierungskreises »Ausländische Arbeitnehmer« beim Bundesminister für Arbeit und Sozialordnung vom 22. November 1979 »Integration der zweiten Ausländergeneration« die Grundlage für einen breiteren Konsens bieten. Hinzuweisen ist auch auf die 40seitige Dokumentation »Gleiche Chancen für Ausländerkinder«, Sonderausgabe Januar 1980 der »Informationen Bildung und Wissenschaft« des BMBW.

21 Hierbei verlangt die Vertiefung des Begriffs der »interkulturellen Erziehung« auch der eigenen jüngeren Generation besondere Beachtung (vgl. hierzu die vorzügliche Dokumentation »Erziehung und Kultur im Europarat«, Europäische Zeitung, Dezember 1979, S. 14); ebenso die Bereitschaft zu konkreten Schlußfolgerungen aus der Tatsache, daß die europäischen Staaten auf dem Wege zu »multikulturellen Gesellschaften« schon weit fortgeschritten sind (vgl. hierzu insbesondere die Beiträge von Hermann Müller und Jürgen Miksch in diesem Band).

22 BT 8/3302 vom 29. 10. 1979, S. 25/26.

recht werden und gleichzeitig dem Aufbau Europas die unerläßliche bildungspolitische Dimension geben könnten.
Die Minister drückten die Hoffnung aus, daß es möglich sein werde, die bestehenden Schwierigkeiten zu überwinden und eine weitere Ratstagung der Bildungsminister im Herbst 1979 durchzuführen. Diese Erwartung hat sich nicht erfüllt.
Die Minister behandelten als weitere Bereiche für eine mittelfristige Zusammenarbeit grundsätzlich folgende Themen, die nach Zustimmung durch die nicht anwesenden Minister Gegenstand konzertierter Aktionen sein könnten:
- Erarbeitung eines »Europäischen Leitfadens über die europäische Zivilisation«, insbesondere für Lehrer und Schüler,
- Austausch von Studien- und Forschungsergebnissen im Bildungsbereich und künftige Arbeitsteilung auf diesem Gebiet,
- Förderung des Austausches von Lehrpersonal für den Fremdsprachenunterricht,
- Chancengleichheit für Mädchen und Frau im Bildungswesen.

Wann wird auch Dänemark den Weg zur Fortsetzung dieser Zusammenarbeit[23] freigeben?
Die Europa-Union Deutschland führte ihren XXV. Kongreß als Europäischen Kulturkongreß Darmstadt »Politische Einheit – Kulturelle Vielfalt« am 12.–14. Oktober 1979 durch. Dies ist ein weiteres politisches Anzeichen dafür, daß die Bürger Europas mit wachsender Ungeduld nach dem gemeinsamen Weg und den Formen suchen, die ihrer kulturellen Identität, einschließlich deren bildungspolitischer Komponente, angemessen sind[24].
Diese Ungeduld spiegelt auch die Entschließung des Europäischen Parlaments vom 16. 11. 1979 wider[25], mit der es energisch gegen die erneute Vertagung der Sitzung des Rates und der im Rat vereinigten Minister für Bildungswesen protestiert; hiermit würden »Entscheidungen über Fragen verzögert, die für den Aufbau der Europäischen Gemeinschaft von großer kultureller und sozialer Bedeutung seien«.

Bonn, im Dezember 1979

Dr. Hermann Schmitz-Wenzel

23 vergl. hierzu auch *Brunner* »Plädoyer für eine gemeinschaftliche Bildungspolitik« in »Integration«, Heft 4/1979, S. 143ff.
24 Im Zeitpunkt der Drucklegung dieses Bandes lagen die Arbeitsergebnisse des Europäischen Kulturkongresses Darmstadt der Europa Union Deutschland in einer zusammenfassenden Veröffentlichung noch nicht vor.
25 ABl C 309 vom 10. 12. 1979.

Wolfgang Buss

7 Jahre bildungspolitische Zusammenarbeit in der Europäischen Gemeinschaft: Erfolge und Mißerfolge

Die Formulierung des Themas: »7 Jahre bildungspolitische Zusammenarbeit in der Europäischen Gemeinschaft – Erfolge und Mißerfolge«, erfordert nicht nur eine Analyse, sondern auch ein Bekenntnis. Dabei fühle ich mich erinnert an ein Wort von Eichendorff: »Wir möchten gerne wissen, ob Sie vielleicht europamüd, von Weltschmerz so zerrissen?«. Daran kann man erkennen, daß die Europamüdigkeit keine moderne Erscheinung ist, die sich womöglich erst mit der Existenz der Europäischen Gemeinschaft eingestellt hat; sie hat es auch früher schon gegeben.
Ich möchte jedoch nach dem Motto des Berliners Gottfried Benn »Er kenne die Lage«, zunächst versuchen, die Situation in der Europäischen Gemeinschaft zu beschreiben.

I.

Bildung und Kultur haben heute eine besondere Bedeutung in fast allen Schichten. Weit mehr als früher sind sie in das Bewußtsein der Öffentlichkeit gerückt und werden die mit ihnen zusammenhängenden Fragen diskutiert. Entsprechend macht sich eine veränderte, und ich meine positive, Einstellung des allgemeinen Bewußtseins zu Bildung und Kultur in der Europäischen Gemeinschaft bemerkbar. Dies gilt auch für Fragen der Bildungspolitik. So ist die Bundesregierung seit einiger Zeit verpflichtet, dem Deutschen Bundestag bildungspolitische Berichte über die Entwicklung in der Europäischen Gemeinschaft unter dem Titel »Europäische Hochschulpolitik« vorzulegen. Der letzte Bericht ist im Mai 1978 erschienen[1]. In dem zuständigen Ausschuß für Bildung und Wissenschaft zeigte sich eine prinzipiell positive Wertung der Entwicklung[2], die auch zu einer Debatte im Plenum des Deutschen Bundestages führte[3], um auf diese Weise die Öffentlichkeit auf die Probleme einer

1 Bundestagsdrucksache 8/1775 vom 3. 5. 1978
2 Beschlußempfehlung und Bericht BT-Drs. 8/2162 vom 9. 10. 1978
3 122 Sitzung des Deutschen Bundestages am 6. 12. 1978

gemeinsamen Bildungspolitik in der Europäischen Gemeinschaft aufmerksam zu machen. Diese zunehmende Aufgeschlossenheit für Fragen europäischer Bildungspolitik scheint mir ein bemerkenswertes Faktum zu sein.
Man muß sich vergegenwärtigen, daß die europäische Einigung in den 50er Jahren von der Wirtschaft ausgegangen und von ihr geprägt worden ist. Sie erinnern sich: Europäische Gemeinschaft für Kohle und Stahl, Europäische Wirtschaftsgemeinschaft, Euratom. Kultur und Bildung sind, von Ansatzpunkten abgesehen, darin nicht enthalten gewesen. Man verständigte sich über Wirtschaftsfragen und stimmte darin überein, daß dies ein bedeutendes politisches Ereignis war. Eine Einigung über Fragen der Bildung, eines Teils der nationalen Kultur, wäre damals nicht vorstellbar und wohl auch deshalb nicht möglich gewesen. Die Vorstellung, auf dem Gebiet der Bildung und Kultur abgestimmt zu handeln, gemeinsame Programme zu entwickeln, wäre sicherlich als eine Zumutung empfunden worden. Hier handelte es sich um Bereiche, die man selbstverständlich den Nationen überlassen mußte; sie gehörten gewissermaßen zu deren unantastbarem Intimbereich[4].
Diese Entwicklung hat sich gegen Ende der 60er Jahre geändert. Die Bildung und die Bildungspolitik wurden zum Gegenstand der Zusammenarbeit in der Europäischen Gemeinschaft. Dies fiel in eine Zeit, in der die Zusammenarbeit sich ohnehin auf weitere Gebiete ausdehnte: auf den wissenschaftlichen und technologischen Bereich, auf die Industriepolitik, die Währungsfragen, die Außenpolitik. Es zeigte sich außerdem, daß das, was in der Europäischen Gemeinschaft geschah und sich an weiterer Kooperation entwickelte, Auswirkungen auch auf die nationale Bildungspolitik hatte, sie nicht unberührt ließ. So ergeben sich wesentliche Auswirkungen aus den Arbeiten zur Herstellung der Niederlassungsfreiheit für die freien Berufe: die Modalitäten der Anerkennung der Ausbildungen für die freien Berufe haben Folgen auch für die nationalen Studienordnungen. Durch die Festlegung der Studiendauer wird auch zugleich über die »Belegzeit« an den Universitäten entschieden.
Mit der Ausweitung und Intensivierung der Zusammenarbeit innerhalb der Europäischen Gemeinschaft ging ein Wandel der »Idee« der Gemeinschaft einher. Es ging nicht nur mehr um eine Zollunion, nicht nur mehr um eine Harmonisierung der Wirtschaftspolitik, sondern darum, einen einheitlichen Wirtschaftsraum zu schaffen, einen gemeinsamen Lebensraum für die in ihr lebenden Menschen. Es ging darum, die Ausbildung des Einzelnen, die

4 vgl. aber hierzu die von französischer Seite initiierten Vorschläge zu einer intergouvernementalen kulturellen Zusammenarbeit als Teil der in den Jahren 1960–1962 angestrebten »Politischen Union« der Mitgliedstaaten der EG (Hinweis des Herausgebers)

Voraussetzungen für seine Freizügigkeit zu verbessern und die individuellen Entfaltungsmöglichkeiten zu erweitern. Auf diese Weise, so war die Vorstellung, sollte der gesellschaftliche und wirtschaftliche Fortschritt zugleich der Gemeinschaft gesichert werden. Hinzu kamen die Probleme, die sich aus der Erkenntnis ergaben, daß Bildungs- und Beschäftigungssystem von wechselseitigen Verflechtungen bestimmt werden, die zu berücksichtigen waren. Von daher ergab sich ein zunehmender politischer Wille, eine Zusammenarbeit im Bildungsbereich in Gang zu setzen. Sie sollte sich allerdings nicht in Einzelmaßnahmen erschöpfen, sondern ein eigenes in sich zusammenhängendes System darstellen und zugleich in das weitere System der Europäischen Gemeinschaft eingeordnet werden; sie sollte einen eigenen Baustein zur politischen Integration darstellen.

II.

Ich versuche im folgenden die Bereiche, in denen eine Zusammenarbeit im Bildungsbereich inzwischen in Gang gekommen ist, zu gliedern.
Eine erste Gruppe stellt der Hochschulbereich dar.

– Mit einem Übereinkommen, das am 19. April 1972 von den Mitgliedstaaten der Europäischen Gemeinschaft unterzeichnet worden ist, verpflichteten sich diese Länder, ein Europäisches Hochschulinstitut in Florenz zu errichten. Das Institut wurde im November 1976 eröffnet. Es enthält folgende Abteilungen: Rechtswissenschaften, Geschichtswissenschaften, Wirtschaftswissenschaften und Politik- und Gesellschaftswissenschaften. Es ist ausschließlich für Postgraduierte vorgesehen, d. h. solche Personen, die bereits ein berufsqualifizierendes Examen erreicht haben und die in Florenz entweder einen Doktorgrad (des Instituts) erwerben oder ein Aufbaustudium absolvieren können.

– Die gegenseitige Anerkennung von Diplomen und Prüfungszeugnissen stellt einen Schwerpunkt bei der Zusammenarbeit im Bildungsbereich im Hochschulwesen dar. Nach anfänglichen Schwierigkeiten ist es der Bundesregierung gelungen, sich in der Gemeinschaft mit dem Grundsatz durchzusetzen, daß Ausbildungserfordernisse lediglich so weit wie nötig im einzelnen festgelegt werden sollen, daß es vielmehr ausreicht, im berechtigten Vertrauen auf das gleiche Ausbildungsniveau in den Mitgliedstaaten der Europäischen Gemeinschaft nur auf eine Gleichartigkeit der Ausbildungsprogramme und eine gewisse Vergleichbarkeit der Abschlüsse abzustellen.

– Die akademische Anerkennung von Diplomen stellt nach wie vor ein großes Problem dar. Im Auftrag der Europäischen Kommission ist ein Bericht ausgearbeitet worden, der noch zu diskutieren ist. Allerdings wird kurzfristig wahrscheinlich keine Lösung zu erwarten sein.

– Einen weiteren wesentlichen Punkt der Zusammenarbeit im Hochschulbereich stellt der Austausch von Lehr- und Forschungspersonal dar. Es geht hier um die Förderung des kurzfristigen Austausches. Dieser soll nicht nur dadurch gefördert werden, daß Haushaltsmittel in hinreichender Höhe zur Verfügung gestellt werden. Ein wichtiges Problem besteht z. B. in der Schwierigkeit, den kurzfristigen Auslandsaufenthalt auf Dienstalter und Versorgungsbezüge anzurechnen. Nach meiner Meinung sollte es möglich sein, dieses Problem relativ kurzfristig in befriedigender Weise zu lösen. Seine Bereinigung wäre ein nach außen hin unauffälliger, aber praktisch bedeutender Schritt zu einer größeren Gemeinsamkeit in der Europäischen Gemeinschaft.

– Als Voraussetzung für ein größeres Maß an Freizügigkeit ist eine zureichende Information notwendig. Für den Bereich der Studenten ist diesem Bedürfnis weitgehend durch ein Studentenhandbuch abgeholfen worden, das bisher in einer Auflage von 32 000 Stück erschienen ist und das inzwischen – d. h. im Oktober 1979 – in einer zweiten verbesserten Auflage von 50 000 Exemplaren erschienen ist.

– Auch in der Frage von Zulassung von Studenten aus den Mitgliedstaaten sollte es möglich sein, zu einer gemeinsamen Auffassung zu kommen. Es geht hier nicht um die Studenten, die in das Ausland gehen, weil sie in ihrem Heimatland keinen Studienplatz finden, sondern um solche, die ein genuines Interesse daran haben, einen Teil ihres Studiums im Ausland zu verbringen. Für diese Gruppe von Studenten sollten nach unseren Vorstellungen Regelungen in folgenden Punkten angestrebt werden:

- keine Benachteiligung gegenüber inländischen Studenten;
- keine Studiengebühren (mindest jedoch keine höheren als diejenigen, die von einheimischen Studenten gefordert werden);
- keine größeren Fremdsprachenkenntnisse als solche, die erforderlich sind, um den Vorlesungen und Seminaren sinnvoll folgen zu können;
- großzügigere administrative Regelungen bei kurzen Studienaufenthalten;
- Erleichterung der Anerkennung der im Ausland verbrachten Semester und Zwischenzeugnisse.

– Die Kommission der Europäischen Gemeinschaften selbst erwägt ferner, ein europäisches Stipendiensystem zu schaffen, mit dessen Hilfe von der Kommission Stipendien für ein Jahr vergeben werden sollen. Dieser Gedanke muß im einzelnen noch geprüft werden. Ich bin skeptisch, ob es nützlich und ein rationelles Unterfangen ist, über die schon vorhandenen nationalen Stipendiensysteme ein weiteres europäisches System zu stülpen. Unter Umständen könnte es nützlicher sein, dafür zu sorgen, daß die nationalen Stipendien auch für Auslandsaufenthalte verstärkt genutzt werden können.

In eine weitere Gruppe lassen sich die Projekte einfügen, die die Chancengleichheit für bisher benachteiligte Gruppen sichern sollen. Hierbei geht es im einzelnen vor allem um die Mädchen der Altersgruppe zwischen 10 und 18 Jahren hinsichtlich ihrer Benachteiligung der allgemeinen und beruflichen Bildung. Es wird in einer ersten Phase vor allem darum gehen, gemeinsam zu überlegen, in welcher Weise die anstehenden Probleme praktisch angepackt werden können.

Eine weitere Gruppe stellt die Bemühung um die Verbesserung des Fremdsprachenunterrichts dar. Diese Diskussion läuft unter dem Thema »Europäische Dimension«. Hier haben sich eine Fülle von Vorschlägen ergeben, die von der Verbesserung der Grundausbildung für Fremdsprachenlehrer, über Fragen eines frühzeitigen Fremdsprachenunterrichts bei Schülern bis zum berufsorientierten Sprachunterricht für Erwachsene reichen. Es wird notwendig sein, diese Vorschläge zu sortieren, d. h. zunächst einige Projekte in Gang zu setzen und andere zurückzustellen. Ich könnte mir vorstellen, daß z. B. die Förderung des Austausches von Fremdsprachenassistenten von wesentlicher Bedeutung sein wird.

Weiterhin ist zur Verbesserung der Information der Aufbau eines dezentralen Informationsnetzes vorgesehen, das vor allem den politisch Handelnden (Ministerien und Parlamenten) zur Verfügung stehen soll. Dieses Informationsnetz sollte sich in einer ersten Phase zunächst auf die Gebiete beschränken, die im Schwerpunkt einer Zusammenarbeit im Bildungswesen stehen.

Ein weiterer Block besteht aus einem Bündel von Modellvorhaben, die den Übergang von der Schule in das Berufsleben und die Vorbereitung in der Ausbildung, die Beratung der Schüler und die Verbesserung ihrer Motivation zum Ziel haben.

Wenn man berücksichtigt, daß bei der ersten Ratssitzung der Bildungsminister am 16. November 1971 die Frage stand, und einem dafür eingesetzten Ausschuß zur Beantwortung überwiesen wurde, ob überhaupt eine Zusammenarbeit im Bildungsbereich ratsam und tunlich sei, so kann man sehen, daß wir seitdem trotz verschiedener Einbrüche dennoch gute Fortschritte erzielt haben. Die Zusammenarbeit ist selbstverständlicher, die Themen sind konkreter geworden.

III.

Ich möchte nunmehr auf die rechtlichen und institutionellen Probleme eingehen, die die Zusammenarbeit im Bildungsbereich innerhalb der Europäischen Gemeinschaft aufwerfen.

Die Themenbereiche, die Gegenstand der Zusammenarbeit sind, machen einen insgesamt soliden Eindruck. Sie reichen vom Austausch von Studenten und Wissenschaftlern, von der Förderung des Auslandsstudiums bis hin zur Verbesserung des Sprachunterrichtes und des Geschichtsunterrichtes in den Schulen. Sie reichen damit von den klassischen Kooperationsbereichen bis hin zu Gebieten, die in innerstaatliche Angelegenheiten einwirken.

Dennoch ist zu sagen: Im Grundsatz ist bisher nicht wirklich geklärt, auf welchen Rechtsgrundlagen die Zusammenarbeit im Bildungsbereich beruht. Die rechtlichen Anknüpfungspunkte sind relativ schwach. Es sind dies aus dem EWG-Vertrag die Art. 57ff. (Herstellung des Niederlassungsrechts und im Zusammenhang damit die gegenseitige Anerkennung von Ausbildungsabschlüssen, Art. 118ff. EWG-Vertrag (Berufsbildung) und Art. 9 des Euratom-Vertrages (Aufbau einer europäischen Universität).

Im Rahmen des Ausbaus der Gemeinschaft und der vertieften Integration ergab sich im Laufe der Zeit ein gewisser Sachzwang, die Bildungspolitik als einen eigenen Bestandteil in die Europäische Gemeinschaft einzubringen. Andererseits war die Frage durchaus berechtigt, ob es sinnvoll, d. h. auch politisch opportun war, eine eigene »Bildungsgemeinschaft« zu gründen angesichts der Verflechtungen mit anderen Ländern, die nicht Mitglieder der Gemeinschaft waren. Es blieb deshalb ein Prinzip, bei der Zusammenarbeit innerhalb der Länder der Europäischen Gemeinschaft auch weiterhin für die Zusammenarbeit mit anderen europäischen Ländern, die nicht deren Mitglieder sind, offen zu sein.

Letztlich ist die entscheidende Grundlage für die Zusammenarbeit im Bildungsbereich der gemeinsame politische Wille, dies innerhalb der Gemeinschaft zu tun.

Diese Zusammenarbeit ist auf eine vielfältige Weise mit den Mechanismen der Europäischen Gemeinschaften verknüpft worden. Die Verknüpfung ergibt sich einmal aus der Bezeichnung der Konferenzen: Sie heißt »Rat und im Rat vereinigte Minister für Bildungswesen«. Der Vorsitz im Ausschuß für Bildungsfragen, der die Sitzungen der Minister vorbereitet und die Ausfüh-

rung ihrer Beschlüsse verfolgt, ist nach denselben Vorschriften geregelt, die für den Rat selbst gelten. Alle Entscheidungen, die den Bildungsministern vorgelegt werden, gehen durch den Filter des Ausschusses der Ständigen Vertreter. Die Kommission der Europäischen Gemeinschaft nimmt nicht nur beratend, sondern gleichberechtigt an den Sitzungen des Ausschusses für Bildungsfragen teil.
In gewisser Weise eine Einschränkung stellt das de facto akzeptierte Prinzip der Einstimmigkeit dar; es entspricht der Situation, die auch in anderen Bereichen der Europäischen Gemeinschaft besteht. Die Beachtung dieses Prinzips machte es andererseits gewiß, daß so gehandelt wird, wie gemeinsam beschlossen worden ist.

IV.

Ich möchte schließlich ein Wort zu den weiteren Perspektiven der Zusammenarbeit sagen.
Insgesamt hat die Zusammenarbeit im Bildungsbereich innerhalb der Europäischen Gemeinschaft in relativ kurzer Zeit ein breites Aktionsfeld erreicht. Ich habe vorhin über die Themenvielfalt gesprochen. Bei einer Sichtung des Umfangs der Zusammenarbeit muß man zusätzlich noch die Bereiche berücksichtigen, die nicht im Ausschuß für Bildungsfragen behandelt werden, dennoch sachlich dazugehören oder doch deutliche Bezüge zur Bildungspolitik haben. Dabei handelt es sich u. a. um folgende Gebiete

- die schulische Betreuung von Kindern von Wanderarbeitnehmern;
- der Schutz der Teilnehmer am Fernunterricht (als Teil des Verbraucherschutzes);
- die Berücksichtigung des Umweltschutzes im Unterricht;
- die Richtlinien zur Herstellung der Niederlassungsfreiheit;
- der Gesamtbereich der beruflichen Bildung.

Als Ergebnis kann demnach festgehalten werden, daß die Frage, ob eine Zusammenarbeit im Bildungsbereich überhaupt wünschenswert ist, sich nicht mehr stellt. Sie ist eine von allen akzeptierte Notwendigkeit und entspricht dem Wunsche aller Mitgliedsländer.
Zielrichtung der Bildungspolitik ist, einen Beitrag zur Integration und zur Herstellung der Freizügigkeit zu leisten. Dabei ist es erforderlich, ein Gleichgewicht zwischen Annäherung und gewissen Angleichungen einerseits und andererseits der Erhaltung der nationalen Eigenheiten, die sich aus dem kulturellen Selbstverständnis ergeben, zu erhalten.

Das Prinzip der Offenheit für Zusammenarbeit mit Nichtmitgliedsländern wirft jetzt und wird auch später die Frage aufwerfen, was in der Europäischen Gemeinschaft getan, was etwa auch in anderen internationalen Organisationen behandelt werden könnte. Diese Frage berührt insbesondere das Verhältnis der Europäischen Gemeinschaft zum Europarat[5].
Oft wird die Frage gestellt, was im Bereich der Zusammenarbeit im Bildungswesen an Neuem getan werden könnte, welche neuen Aktionsfelder gefunden werden könnten. Diese Frage sollte nach meiner Meinung zunächst zurückgestellt werden. Wir sollten nicht nach neuen Themen suchen, keine neuen Horizonte entdecken, sondern zunächst das jetzt Geplante, das jetzt Vorgesehene seriös weiter bearbeiten. Das geduldige Arbeiten an konkreten Antworten auf konkrete Fragen, die auf eine nachprüfbare Weise Verbesserung für den Einzelnen bringen, scheint mir das zu sein, was geboten ist.

Nachbemerkung:

Die Ausführungen standen unter dem Eindruck einer unmittelbar bevorstehenden Ratstagung der Bildungsminister. Sie mußte abgesagt werden, weil es sich plötzlich als unmöglich erwies, Einvernehmen über die rechtlichen Grundlagen der Zusammenarbeit zu erzielen. Dies zeigt, daß die Phase einer gewissen Anfälligkeit durchaus noch nicht verlassen ist. Es gibt jedoch Anlaß zu der Vermutung, daß in der nächsten Zeit eine Tagung der Bildungsminister möglich sein wird[6].

5 s. o. Fußnote 3 a.a.O. S. 105ff das hinsichtlich der Ergebnisse der bildungspolitischen Aktivitäten des Europarates sehr kritische Einführungsreferat von Georg Hahn-Ackermann, damaliger Generalsekretär des Europarates

6 vgl. hierzu Einführungs S. 15

Dr. *Klaus Winkel*

Die Gewährleistung des Niederlassungsrechts für freie Berufe, der Freizügigkeit der Arbeitnehmer und der akademischen Freizügigkeit unter bildungspolitischen Aspekten

I. *Einführung*

Was haben Niederlassungsrecht der freien Berufe, Freizügigkeit der Arbeitnehmer und die akademische Freizügigkeit mit Bildungspolitik, sei es auf nationaler Ebene, sei es auf europäischer Ebene, zu tun? Reicht es nicht aus, wenn die EG-Mitgliedstaaten alle Ausländerdiskriminierungen aufheben, so daß sichergestellt ist, daß der EG-Marktbürger bei der Ausübung seines Rechtes auf Freizügigkeit im Aufnahmeland genau wie ein Inländer behandelt wird, nicht schlechter, aber auch nicht besser? Besteht überhaupt eine Kompetenz der Gemeinschaft für bildungspolitische Aktivitäten? Ist es wünschenswert, wenn die Gemeinschaft in die bildungspolitische Landschaft der Mitgliedstaaten hineinwirkt, die doch z. B. in einem Bundesstaat wie der Bundesrepublik, aber auch in Belgien und zunehmend auch in weiteren Mitgliedstaaten durch das Spannungsverhältnis zwischen Zentralstaat, Bundesländern und Universitäten so kompliziert ausgestaltet ist? Soll sich die EWG nicht strikt auf die Wirtschaftstätigkeiten beschränken?
Diese Fragen sind häufig von Bildungspolitikern, die sich unvermittelt mit den Anforderungen der Gemeinschaft im Bereich der Freizügigkeit konfrontiert sahen, in dieser oder ähnlicher Form gestellt worden.
Bevor im einzelnen auf die Beantwortung der aufgeworfenen Fragen eingegangen wird, seien zwei allgemeine Bemerkungen vorangeschickt:

1. Sicherlich hat die Gemeinschaft keine allgemeinen Kompetenzen im Bildungsbereich. Die Zusammenarbeit der Mitgliedstaaten im Bildungsbereich, die schon seit mehreren Jahren unter dem Dach des Rates und unter Mithilfe der EG-Kommission betrieben wird, erfolgt weitgehend außerhalb der Kompetenzzone des EWG-Vertrages.

2. Eine Uniformierung der Bildungspolitik der Mitgliedstaaten durch die »Brüsseler Zentrale« (= EG-Kommission), die von manchen dem Föde-

ralismus verbundenen Bildungspolitikern als Schreckgespenst an die Wand gemalt wird, ist mit Sicherheit nicht zu befürchten. Die kulturelle Vielfalt Europas, die naturgemäß im Bildungsbereich ihren Niederschlag findet, ist von allen Gemeinschaftsgremien und Europapolitikern als eine europäische Grundtatsache anerkannt.

3. Diese Grundsätze schließen nicht aus, daß es in Teilbereichen zu Berührungen zwischen der Tätigkeit der Gemeinschaft und der Bildungspolitik der Mitgliedstaaten kommt. Ein solcher Berührungspunkt ist insbesondere bei dem hier zu behandelnden Thema gegeben: Der Zugang zu den meisten freien Berufen ist in den Mitgliedstaaten in irgendeiner Form an den Besitz eines Hochschuldiploms geknüpft; desgleichen ist der Zugang zu bestimmten Arbeitnehmertätigkeiten oder die Ausübung dieser Tätigkeiten vom Besitz eines Diploms, Prüfungszeugnisses oder sonstigen Befähigungsnachweises abhängig und schließlich sehen sich auch die Lehrenden und Lernenden bei Ausübung ihrer akademischen Freizügigkeit im Gastland regelmäßig vor die Notwendigkeit gestellt, die Qualifikation durch Hochschuldiplome, akademische Grade oder Studiennachweise darzutun. Aus der Sicht des Aufnahme- oder Gastlandes handelt es sich dabei um die Diplome von Bildungseinrichtungen eines anderen Mitgliedstaates, während die Rechts- und Verwaltungsvorschriften des Aufnahmelandes in aller Regel den Besitz eines nationalen Diploms verlangen. Damit stellt sich die Frage der Anerkennung der Diplome, Prüfungszeugnisse und Befähigungsnachweise (im folgenden kurz: Diplome) aus den anderen EG-Mitgliedstaaten. Rechtstechnisch kann diese Anerkennung in den folgenden Formen geregelt sein:

a) Die Anerkennung des ausländischen Diploms ist autonom in der nationalen Rechtsnorm als Möglichkeit vorgesehen, wobei aber der Verwaltung ein Ermessen eingeräumt ist; häufig besteht dann noch das Erfordernis der Gegenseitigkeit;

b) Die Anerkennung ist durch bilaterale Verträge/Verwaltungsabkommen geregelt;

c) Die Anerkennung ist multilateral, also hier im EWG-Vertrag (Art. 57) vorgesehen.

In allen Fällen der Anerkennung von Diplomen erfolgt diese nicht blind, sondern aufgrund eines Vergleichs der Ausbildungsgänge, in denen die anzuerkennenden Diplome erworben worden sind. Während dieser Vergleich im Fall a) vom Aufnahmestaat autonom und im Fall b) von den beteiligten Staaten vorgenommen wird, werden im Falle der Gemeinschaft die Ausbildungsgänge in jetzt noch 9 Staaten in jahrelangen mühsamen Verhandlungen einander angeglichen. Das Ergebnis sind EG-Richtlinien, die für bestimmte Berufe (z. B. Ärzte, Zahnärzte) die Anerkennung der Diplome (einschließlich Weiterbildungsdiplome) zwingend vorschreiben. Neben diesen Anerkennungsrichtlinien werden aber in der Regel gleichzeitig auch sog. Koordinierungsrichtlinien erlassen. Mit diesen Richtlinien werden die Mitgliedstaaten mit Rücksicht auf die Vergleichbarkeit der Diplome und der Qualität der Ausbildung verpflichtet, ihre Ausbildungsgänge hinsichtlich Dauer und Inhalt nach gewissen Mindestkriterien auszugestalten. Hier ist nun ein unmittelbarer Berührungspunkt, möglicherweise auch ein Konfliktpunkt zur nationalen Bildungspolitik gegeben. Auf der anderen Seite liegt hier für die Gemeinschaft auch die Chance, im Hinblick auf die Erfordernisse des Zugangs zu und der Ausübung von bestimmten Berufen gemeinsame Mindestvorstellungen zu formulieren.

II. *Rechtsgrundlagen der Freizügigkeit*

Bevor die angesprochene bildungspolitische Problematik vertieft wird, erscheint es erforderlich, auf die Rechtsgrundlagen der Freizügigkeit einzugehen. Wenn im Vorangegangenen mehrfach der Begriff der Freizügigkeit verwendet worden ist, so ist dies nicht im streng technischen Sinne geschehen. Im folgenden müssen, entsprechend der Systematik des EWG-Vertrages, drei Bereiche unterschieden werden: das Niederlassungsrecht (Art. 52ff), der freie Dienstleistungsverkehr (Art. 59ff) und die Freizügigkeit der Arbeitnehmer (Art. 48ff). Dabei sind die Bereiche Niederlassungsrecht und freier Dienstleistungsverkehr im Vertrag weitgehend analog behandelt. Sie betreffen die Aufnahme und Ausübung *selbständiger* Tätigkeiten in einem anderen Mitgliedstaat. Demgegenüber ist die Freizügigkeit der Arbeitnehmer durch die Aufnahme und Ausübung *unselbständiger* Tätigkeiten in einem anderen Mitgliedstaat gekennzeichnet; der rechtstechnische Begriff für diese Begünstigten heißt »Wanderarbeitnehmer«.
Zur Abgrenzung von Niederlassungsrecht und freiem Dienstleistungsverkehr ist von folgenden Definitionen auszugehen:

– Das Niederlassungsrecht ist durch die Begründung eines räumlich gegenständlichen Mittelpunktes der wirtschaftlichen Betätigung in einem anderen Mitgliedstaat in der Form einer Haupt- oder Zweigniederlassung, Agentur oder Tochtergesellschaft charakterisiert. Beispiel: Ein Arzt verlegt seine Praxis von Deutschland nach Frankreich; ein deutscher Hochschulabsolvent läßt sich nach bestandenem Staatsexamen unmittelbar in Frankreich nieder; ein deutscher Apotheker mit einer Offizin in Kehl will in Straßburg eine 2. Apotheke eröffnen; eine deutsche Wirtschaftsprüfergesellschaft will in Großbritannien eine Tochtergesellschaft gründen.

– Unter Dienstleistungsverkehr i. S. des EWG-V versteht man die grenzüberschreitende wirtschaftliche Betätigung in einem oder mehreren Mitgliedstaaten von der Basis einer Niederlassung im Heimat- oder Herkunftsland aus. Man unterscheidet regelmäßig drei Formen des Dienstleistungsverkehrs (am Beispiel des Arztes):

1. Der in Kehl niedergelassene deutsche Arzt macht einen Krankenbesuch in Straßburg (Ortswechsel des Dienstleistungserbringers);
2. der in Straßburg wohnhafte Patient begibt sich zur Behandlung zum deutschen Arzt in Kehl (Ortswechsel des Dienstleistungsempfängers);
3. der in Kehl niedergelassene deutsche Arzt gewährt dem Patienten in Straßburg eine telefonische Konsultation (Dienstleistung ohne Ortswechsel).

Zu allen drei Formen der Freizügigkeit hat der EuGH klargestellt, daß es sich letztlich um die Ausformung ein und desselben Prinzips handelt, nämlich des in Art. 7 EWG-V enthaltenen Verbots der Diskriminierung nach der Staatsangehörigkeit[1]. Im Falle von Abgrenzungsschwierigkeiten gilt deshalb letztlich eine einheitliche Rechtsfolge: die Unzulässigkeit jeglicher Diskriminierung.

Trotzdem ist es nach wie vor notwendig, auf die gesonderten Rechtsvorschriften für die einzelnen Bereiche der Freizügigkeit einzugehen. Dies ergibt sich schon aus der gesonderten Regelung im Vertrag und aus dem auf dessen Grundlage erlassenen sekundären Recht. Während der Bereich der Freizügigkeit der Arbeitnehmer überwiegend durch unmittelbar geltende Verordnungen aufgrund von Art. 49 Abs. 1 EWG-V geregelt worden ist, sind beim Niederlassungsrecht und freien Dienstleistungsverkehr nur Richtlinien zulässig (Art. 54 Abs. 2 bzw. Art. 63 Abs. II), die der Durchführung durch nationale Rechts- und Verwaltungsvorschriften bedürfen und im Grundsatz nicht unmittelbar anwendbar sind.

Obwohl nach dem Vertrag für alle drei Bereiche der Freizügigkeit die stufenweise Verwirklichung bis zum Ende der Übergangszeit (31. 12. 1969) vorgesehen war, konnte dieses Ziel nur im Bereich der Freizügigkeit der Arbeitneh-

1 Rs 36/74, Slg 1974, 1405

mer mit der Verordnung 1612/68 rechtzeitig und vollständig erreicht werden. Dagegen ist dieses Vertragsziel im Bereich des Niederlassungsrechts und des freien Dienstleistungsverkehrs schwerpunktmäßig erst für die gewerblichen und kaufmännischen Tätigkeiten verwirklicht worden. Für die freien Berufe konnten trotz jahrelanger Vorarbeiten bislang nur für Ärzte, Zahnärzte und Tierärzte Richtlinien über die gegenseitige Anerkennung der Diplome und die Koordinierung der Aufnahme- und Ausübungsbedingungen erlassen werden[2].
Nach dem Ende der Übergangszeit am 31. 12. 1969 stellte sich deshalb die Frage, ob die für das Niederlassungsrecht und den freien Dienstleistungsverkehr in Art. 52 Abs. 1 und 59 Abs. 1 EWG-V statuierten Diskriminierungsverbote unmittelbar anwendbar geworden sind. Dies hätte bedeutet, daß die Mitgliedstaaten auch ohne den Erlaß besonderer Richtlinien etwa in ihren Rechts- und Verwaltungsvorschriften noch bestehende Ausländerdiskriminierungen hätten beseitigen müssen.
Der Europäische Gerichtshof hat im Jahre 1974 in zwei bahnbrechenden Entscheidungen die Frage nach der unmittelbaren Anwendbarkeit der Art. 52 Abs. 1 und 59 Abs. 1 bejaht[3]. Damit sind alle etwa noch in den nationalen Rechts- und Verwaltungsvorschriften existierenden Beschränkungen des Niederlassungsrechts und des freien Dienstleistungsverkehrs wegen Verstoßes gegen unmittelbar geltendes EWG-Recht unanwendbar. Diese Unanwendbarkeit kann von den Begünstigten vor den nationalen Gerichten unmittelbar geltend gemacht werden.
Die beiden Urteile haben insbesondere für die freien Berufe Bedeutung. Danach sind die Mitgliedstaaten nun auch in diesen Bereichen verpflichtet, die Staatsangehörigen der anderen Mitgliedstaaten bei Zugang und Ausübung des Berufs gleich zu behandeln. Insbesondere das Erfordernis der Staatsangehörigkeit, das bei den freien Berufen – auch in Deutschland – recht häufig anzutreffen ist, darf nicht mehr gestellt werden.
Auf der anderen Seite dürfen diese Urteile in ihrer Tragweite auch nicht überschätzt werden. Die Schwierigkeiten bei den Arbeiten an den Richtlinienvorschlägen für die freien Berufe lagen weniger im Bereich der Diskriminierungen als vielmehr bei der gegenseitigen Anerkennung der Diplome. Der Gerichtshof hat ausdrücklich anerkannt, daß der Erlaß von Richtlinien

2 Ärzte: Richtlinien des Rates Nr. 75/362/EWG und Nr. 75/363/EWG vom 16. Juni 1975, ABl EG 1975 Nr. L 167/1ff;
Zahnärzte: Richtlinien des Rates Nr. 78/686/EWG und Nr. 78/687/EWG vom 25. Juli 1978, ABl EG 1978 Nr. L 233/1ff;
Tierärzte: Richtlinien des Rates vom 18. 12. 1978

3 Rs 2/74 – Reynors. Slg. 1974, 631; Rs 33/74 – van Binsbergen – Slg 1974, 1299

zur gegenseitigen Anerkennung der Diplome weiterhin notwendig ist. Solange solche Richtlinien nicht verabschiedet sind, können die Mitgliedstaaten nach wie vor im Rahmen ihrer Berufsregelungen auch von den Angehörigen der anderen Mitgliedstaaten den Besitz eines in ihrem Hoheitsgebiet erworbenen Diploms verlangen. Somit wird die durch den Europäischen Gerichtshof festgestellte Liberalisierung im Bereich der freien Berufe regelmäßig nur dann praktisch werden, wenn der Begünstigte zufällig seine Ausbildung im Aufnahmeland absolviert hat oder wenn das Aufnahmeland im Rahmen seines autonomen Ermessens oder aufgrund einer bilateralen Vereinbarung die Gleichwertigkeit des fremden Diploms mit dem nationalen bescheinigt hat.

III. *Bildungspolitische Probleme bei der Anerkennung der Diplome im Bereich der freien Berufe*

Wie bereits weiter oben ausgeführt, haben sich bei der Verwirklichung des Niederlassungsrechts der freien Berufe ganz erhebliche Verzögerungen ergeben. Die Gründe hierfür sind vielschichtig und liegen zum einen in der Komplexität der sachlichen Probleme und zum anderen in der Schwerfälligkeit der Verhandlungen in Brüssel.

Die materiellen Schwierigkeiten haben häufig ihre Wurzel in der unterschiedlichen historischen Entwicklung, die die freien Berufe in den einzelnen Mitgliedstaaten erfahren haben, wobei sich recht häufig die Grenzlinien zwischen dem romanischen und dem germanischen Rechts- und Kulturkreis ziehen lassen. Diese differenzierte Entwicklung zeigt sich bei einzelnen freien Berufen heute oft darin, daß ein und derselbe Beruf – ungeachtet einer weitgehenden terminologischen Entsprechung – in den Mitgliedstaaten einen unterschiedlichen Tätigkeitsbereich abdeckt und daß die Diplome, die den Zugang zu diesem Beruf eröffnen, in Ausbildungsgängen von unterschiedlicher Struktur, Inhalt und Dauer erworben werden.

Die bildungspolitische Problematik bei der gegenseitigen Anerkennung der Diplome ergibt sich somit

- aus dem Tätigkeitsbereich eines bestimmten Berufes, der in den Mitgliedstaaten unterschiedlich weit und in seiner Abgrenzung zu anderen Berufen abweichend geregelt sein kann;
- aus Inhalt und Struktur der Ausbildung, die zum Erwerb des Diploms erforderlich ist;
- aus der Wechselwirkung zwischen Tätigkeitsbereich und Ausbildung.

Zu dieser Wechselwirkung kurz ein Beispiel:
Während der Zahnarzt in den meisten Mitgliedstaaten einen recht weiten Tätigkeitsbereich hat (neben den Zähnen auch die Erkrankungen der Mundhöhle), ist er in Belgien auf die Behandlung der Zähne und des Zahnfleischs beschränkt. Durch diese unterschiedlichen Berufsvorstellungen bedingt war auch die Ausbildung in Belgien enger als in den anderen Mitgliedstaaten. Um eine gegenseitige Anerkennung der Diplome dennoch zu ermöglichen, wurde in den EG-Richtlinien »Zahnärzte« schließlich folgende Koordinierung vorgesehen:

- Festlegung eines einheitlichen Tätigkeitsbereichs (i. S. der weiten Konzeption)
- Verpflichtung der Mitgliedstaaten, ihrer Ausbildung diesen einheitlichen (weiten) Tätigkeitskreis zugrunde zu legen.

Bei den Verhandlungen in Brüssel spielt ferner die Fragestellung eine Rolle, in welcher Art bei einem bestimmten freien Beruf das Diplom mit dem Zugang oder der Ausübung des Berufs verknüpft ist. Dabei finden sich in den Rechtsordnungen der Mitgliedstaaten hauptsächlich die beiden folgenden Zuordnungsformen: Einmal können Zugang und Ausübung eines Berufs den Inhabern eines bestimmten Diploms vorbehalten sein, die Tätigkeit ist somit zugunsten dieser Diplominhaber monopolisiert. Diese Regelung findet sich z. B. bei den ärztlichen Berufen. Zum anderen kann der Zugang zum Beruf frei sein, die Ausübung der Tätigkeit unter einem bestimmten Titel aber gesetzlich geschützt sein. Ein solcher Titelschutz ist in der Bundesrepublik z. B. für Architekten und Ingenieure landesgesetzlich gewährleistet. Zwischen beiden Zuordnungssystemen gibt es dann noch Mischformen.
Bei beiden Zuordnungsformen ist eine gegenseitige Anerkennung der Diplome auf Gemeinschaftsebene unerläßlich. Dies leuchtet bei den monopolisierten Tätigkeiten ohne weiteres ein. Wenn die Rechtsordnung des Aufnahmelandes vorschreibt, daß die Tätigkeit des Arztes nur von Besitzern eines im Aufnahmeland erworbenen Arztdiploms ausgeübt werden darf, so müßte ohne eine Anerkennung der Diplome ein Arzt mit dem Diplom eines anderen Mitgliedstaates die gesamte Ausbildung im Aufnahmeland wiederholen. Dies käme praktisch einer Niederlassungssperre gleich.
Dagegen könnte man sich bei Berufsregelungen, die sich auf einen Titelschutz beschränken, auf den Standpunkt stellen, daß aus der Sicht des Niederlassungsrechts auf die gegenseitige Anerkennung der Diplome verzichtet werden kann, da Zugang und Ausübung der Tätigkeit ja auch Berufsangehörigen ohne Diplom offenstehen. Eine solche formalrechtliche Betrachtungsweise würde aber den Wettbewerbsvorsprung verkennen, den die

Berufsangehörigen mit dem geschützten Diplom vor Berufsangehörigen ohne einem solchen Diplom besitzen. Aufgrund der für die Auslegung der Art. 52ff. EWGV gebotenen wirtschaftlichen Betrachtungsweise ist die Gemeinschaft somit gehalten, die Angehörigen der Mitgliedstaaten bei der Niederlassung in einem anderen Mitgliedstaat durch eine Regelung über die Anerkennung der Diplome in die Lage zu versetzen, den gleichen Schutz für ihre im Heimat- oder Herkunftsland erworbenen Diplome zu genießen wie die Berufsangehörigen des Aufnahmelandes.

Wenn die Art der Verknüpfung von Diplom und Berufstätigkeit in den Rechtsordnungen der Mitgliedstaaten ermittelt ist, stellt sich die Frage nach der Notwendigkeit einer Koordinierung der entsprechenden Rechts- und Verwaltungsvorschriften der Mitgliedstaaten gem. Art. 57 EWGV. Diese Frage ist z. B. bei den Richtlinien »Ärzte« dahin bejaht worden, daß das Verknüpfungssystem der Monopolisierung in der Gemeinschaft verbindlich vorgeschrieben worden ist. Dagegen ist für die Richtlinien »Architekten« keine Koordinierung im Sinne des in den meisten Mitgliedstaaten bestehenden Systems des Titelschutzes vorgesehen, d. h. Dänemark und Irland, die zur Zeit noch keine gesetzliche Regelung kennen, werden durch die Richtlinien nicht gezwungen werden, eine solche einzuführen. Diese Staaten beabsichtigen aber, im Zuge autonomer Reformen die Schaffung vergleichbarer Regelungen, wobei gewisse Rückwirkungen der Verhandlungen in Brüssel eine Rolle gespielt haben mögen.

Am hartnäckigsten wird in Brüssel naturgemäß über die Frage verhandelt, unter welchen Voraussetzungen die Diplome der Mitgliedstaaten gegenseitig anerkannt werden sollen. Dabei handelt es sich im Rahmen des Art. 57 EWGV nicht um eine akademische Anerkennung der Diplome im Sinne einer Gleichstellung im Hochschulbereich, sondern um eine Anerkennung zum Zwecke des Zugangs und der Ausübung eines bestimmten Berufs (sog. status civilis). Die akademische Anerkennung der Diplome wird in der Gemeinschaft in einem anderen Rahmen, nämlich der Zusammenarbeit im Bildungswesen angestrebt, um die Freizügigkeit der Lehrenden und Lernenden zu erleichtern. Hierauf wird noch einzugehen sein.

Die Verhandlungen über die gegenseitige Anerkennung der Diplome im Sinne von Art. 57 EWGV werden durch die Unterschiede im Bildungswesen der Mitgliedstaaten im Hinblick auf die Struktur, den Inhalt und die Dauer der Ausbildungsgänge ungemein erschwert. Hält man sich vor Augen, wie stark sich allein in der Bundesrepublik aufgrund der föderalistischen Struktur einige Ausbildungsgänge auseinanderentwickelt haben, so daß sogar innerhalb der Bundesrepublik die Anerkennung der Abschlüsse neuer Ausbildungsformen im Einzelfall problematisch werden kann, so kann man

ermessen, wie sich die Schwierigkeiten bei den Verhandlungen im Kreis von neun Mitgliedstaaten potenzieren.
Leider wurde bei den nun schon seit Jahren andauernden Auseinandersetzungen in Brüssel das formale Element der Dauer einer Ausbildung immer wieder in den Vordergrund gestellt. So sollte nach früheren Vorschlägen der EG-Kommission nicht nur die Gesamtausbildungsdauer nach Jahren und Stunden festgelegt werden, sondern es wurden sogar Fächerkataloge, wiederum mit Stundenzahlen versehen, vorgeschlagen. Es liegt auf der Hand, daß eine solche Reglementierung die Mitgliedstaaten in der Freiheit der Gestaltung der Ausbildungsgänge ungebührend eingeschränkt und bei der Reform ihres Bildungswesens ganz erheblich behindert hätte. Desgleichen hätten die Hochschulen die erforderliche Elastizität eingebüßt. Dies gilt insbesondere für die Bundesrepublik, die angesichts der Überfüllung der Hochschulen eine zeitliche Straffung der Ausbildung anstrebt. Nach mehreren Vorschlägen der EG-Kommission und den Forderungen einiger Mitgliedstaaten hätte die Bundesrepublik aber verschiedene Ausbildungen, z. B. für Apotheker und Architekten, sogar noch verlängern müssen.
Die deutsche Delegation hat deshalb schon frühzeitig gefordert, daß die Kriterien für die gegenseitige Anerkennung der Diplome qualitativer, nicht quantitativer Art sein sollten. Sie hat ferner auf das vergleichbare zivilisatorische Niveau in den Mitgliedstaaten hingewiesen und daraus die Schlußfolgerung gezogen, daß sich die Mitgliedstaaten gegenseitiges Vertrauen in die Qualität der einzelstaatlichen Ausbildungsgänge und -abschlüsse entgegenbringen sollten. Dieses Prinzip könnte bei vielen Berufen dazu führen, daß ohne die Festlegung von Kriterien die in den Mitgliedstaaten bestehenden Diplome in Listen zusammengestellt und ohne weiteres gegenseitig anerkannt würden. Der Bildungsministerrat hat sich in seiner Tagung vom 6. 6. 1974 diese Forderungen weitgehend zu eigen gemacht[4].
Diese bildungspolitischen Forderungen haben jedoch nicht verhindern können, daß sich die Verhandlungen in Brüssel immer wieder an engen quantitativen Überlegungen festgefahren haben. So sind z. B. bei den Verhandlungen über die Richtlinienvorschläge »Architekten« einige Delegationen nicht bereit, die dreijährige Fachhochschulausbildung in der Bundesrepublik anzuerkennen, obwohl die deutsche Delegation im Kompromißwege zusätzlich eine zweijährige gelenkte Berufspraxis mit Fortbildungskursen angeboten hat. Wenn die betreffenden Delegationen demgegenüber generell eine vierjährige Hochschulausbildung fordern, so liegen dem weniger bildungs- als vielmehr berufspolitische Überlegungen zugrunde.

4 vgl. die Entschließung vom 6. 6. 1974, ABl EG 1974 Nr. C 98/2

So wird das Argument von Wettbewerbsverzerrungen ins Feld geführt, die daraus entstehen sollen, daß die Berufsangehörigen aus Mitgliedstaaten mit einer kürzeren Ausbildung in einem Mitgliedstaat mit längerer Ausbildung früher zur Berufsausübung gelangen als die Berufsangehörigen des letztgenannten Staates. Ferner wird die Befürchtung geäußert, daß sich die Angehörigen des Mitgliedstaates mit einer längeren Ausbildungszeit in die Mitgliedstaaten mit kürzerer Ausbildung begeben würden, um dort ihre Berufsausbildung rascher zu absolvieren und anschließend wieder in das Heimat- oder Herkunftsland zurückzukehren. Im Hintergrund steht schließlich die Befürchtung einiger Delegationen, daß mit der Verwirklichung der gegenseitigen Anerkennung der Diplome unzählige Berufsangehörige ihre Heimat- und Herkunftsländer verlassen und den Stellenmarkt eines bestimmten Mitgliedstaates, der angeblich besonders günstige Niederlassungsbedingungen aufweist, überschwemmen könnten.

Alle bisherigen Erfahrungen, die aus bereits liberalisierten und durch Übergangsmaßnahmen geregelten Tätigkeiten gewonnen werden konnten, lassen jedoch nur den Schluß zu, daß die Befürchtungen unkontrollierter und übermäßiger Wanderungsbewegungen unbegründet sind. So sind für den weiten Bereich des Handwerks in der Bundesrepublik nachweislich einer Statistik des Bundesministers für Wirtschaft nur bescheidene Zuwanderungen aus anderen EG-Mitgliedstaaten zu verzeichnen gewesen.

Dies zeigt, daß der Entschluß, in einem anderen EG-Mitgliedstaat eine neue Existenz aufzubauen, nur vereinzelt gefaßt wird, wobei sicherlich die Sprachbarriere sowie die unterschiedlichen wirtschaftlichen, sozialen und rechtlichen Verhältnisse in den Mitgliedstaaten eine wichtige Rolle spielen.

Die dargestellten Schwierigkeiten sind aber nicht unüberwindlich, wie schließlich die Verabschiedung der EG-Richtlinien für Ärzte (einschließlich Fachärzte), für Zahnärzte und für Tierärzte gezeigt hat. In bildungspolitischer Hinsicht zeichnen sich immerhin folgende, durchaus als positiv zu beurteilende Orientierungen ab:

- Die Gesamtdauer der Ausbildung wird nicht mehr minuziös nach Stunden, sondern als eine Mindestzahl in Jahren festgelegt (im Kompromißwege z. T. auch als Alternative für die Mitgliedstaaten; so z. B. bei den Ärzten: 6 Jahre *oder* 5500 Stunden).

- Die Vergleichbarkeit von Inhalt und Qualität der Ausbildungen wird nicht mehr über die Aufstellung detallierter Fächerkataloge, jeweils versehen mit Stundenzahlen, gesucht; vielmehr wird das Anforderungsprofil des Berufes, zu dem die Ausbildung hinführen soll, sehr eingehend definiert.

Der Schwerpunkt liegt also eindeutig auf der Beschreibung des zu erreichenden Ausbildungsergebnisses durch qualitative Kriterien unter Zurückdrängung der quantitativen Kriterien;

- Eine permanente Kontrolle von Inhalt und Qualität der Ausbildungen soll in sog. Beratenden Ausschüssen erfolgen. Diese werden in der Regel mit dem Erlaß der Richtlinien für einen bestimmten Beruf eingerichtet. Sie sind dreigliedrig strukturiert, d. h. für jeden Mitgliedstaat wird je ein Experte aus dem Bereich der Bildungseinrichtungen (Hochschulen), aus den betreffenden Berufskreisen sowie aus der Verwaltung des Mitgliedstaates entsandt; daneben ist jeweils ein stellvertretendes Mitglied vorgesehen. Diese Ausschüsse haben, wie ihr Name bereits besagt, eine nur beratende Funktion in diesem Rahmen können sie Empfehlungen an die Mitgliedstaaten und die EG-Kommission richten. Eine wichtige Aufgabe wird für die Beratenden Ausschüsse darin bestehen, an die Stelle des gegenseitigen Mißtrauens, das häufig die Beratungen des Rates begleitet, eine Atmosphäre des Vertrauens zu schaffen.

IV. *Stand der Arbeiten betr. die gegenseitige Anerkennung*

Nach jeweils langjährigen Verhandlungen hat der Rat folgende Regelungen verabschiedet:
Richtlinien Ärzte
Richtlinien Zahnärzte
Richtlinien Tierärzte
Richtlinien Krankenschwestern
Große Probleme bestehen weiterhin bei den Architekten und Apothekern. Die Verhandlungen über die Richtlinienvorschläge für Wirtschaftsprüfer und Steuerberater konnten aus Gründen der beschränkten Arbeitskapazität noch nicht aufgenommen werden.

V. *Die gegenseitige Anerkennung von Diplomen bei Arbeitnehmern, Lehrenden und Lernenden*

Die Tätigkeiten des Arztes oder Zahnarztes können auch in abhängiger Stellung ausgeübt werden (z. B. Krankenhausarzt). Da auch hier die gegenseitige Anerkennung der Diplome Voraussetzung für eine echte Freizügigkeit

ist, haben die bisher erlassenen Richtlinien die Arbeitnehmer in das System der gegenseitigen Anerkennung einbezogen. Hierin liegt eine gewisse Rechtsfortbildung, da Art. 57 EWG-V an sich nur die gegenseitige Anerkennung im Bereich der Selbständigen vorsieht.
Darüber hinaus konnte bislang keine effiziente Regelung der Anerkennung von Diplomen, Prüfungszeugnissen oder sonstigen Befähigungsnachweisen für Arbeitnehmer erreicht werden. Leider ist die Gemeinschaft über allgemeine Grundsätze der beruflichen Bildung hinaus noch nicht zu einer verbindlichen Regelung, z. B. die Anerkennung von Facharbeiterqualifikationen, vorgestoßen. Es existiert lediglich eine Empfehlung für spanabhebende Berufe, die kaum praktische Wirkungen gezeitigt hat. Erfreulich sind hier wenigstens die Bemühungen im bilateralen Bereich, die z. B. zwischen Deutschland und Frankreich schon zu einer Reihe von Absprachen geführt haben. Hier liegt also noch ein weites Feld für die Betätigung der Gemeinschaft und insbesondere des Europäischen Berufsbildungszentrums in Berlin.
Auf die bildungspolitischen Probleme, die mit der Freizügigkeit der Akademiker (Lehrende und Lernende) verbunden sind, soll hier zur Vermeidung von Überschneidungen nicht näher eingegangen werden. Beide Kategorien liegen außerhalb des Anwendungsbereichs des EWG-Vertrages, die Studenten, weil sie weder selbständige Erwerbstätige, noch Arbeitnehmer sind, die Professoren, weil sie in der Regel der öffentlichen Verwaltung angehören und damit nach Art. 48 Abs. 4 von der Freizügigkeitsregelung des EWG-V ausgeschlossen sind. Es handelt sich auch nicht um die Anerkennung von Diplomen zur Ausübung einer wirtschaftlichen Tätigkeit, sondern um die Anerkennung akademischer Grade bzw. von Studienabschnitten.
Naturgemäß hat aber die Verabschiedung von Anerkennungsrichtlinien für einen bestimmten Beruf auch praktische Auswirkungen auf die Wanderungsbewegungen der Studenten zwischen den europäischen Hochschulen. So haben sich z. B. nach der Veröffentlichung der Ärzterichtlinien zahlreiche Ärzte, deren Söhne in Deutschland am numerus clausus gescheitert waren, für die Studienmöglichkeiten in Italien oder in den Niederlanden interessiert. Da die gegenseitige Anerkennung der Diplome auch zugunsten der eigenen Staatsangehörigen spielt, können die deutschen Studenten nach erfolgreichem Abschluß ihrer Studien in einem anderen Mitgliedstaat in Deutschland ohne weiteres ihre Approbation beantragen und sich niederlassen. Hierin liegt sicherlich ein positiver Rückkoppelungseffekt zwischen der Freizügigkeit der Berufsangehörigen und der zeitweise erlahmten Bereitschaft unserer Studenten, im Ausland zu studieren. Auf der anderen Seite darf nicht übersehen werden, daß der »Export« der bildungspolitischen Probleme der Bun-

desrepublik in andere EG-Mitgliedstaaten mittelfristig zu Abwehrreaktionen führen kann.
Eine weitere mittelbare Wirkung der Brüsseler Arbeiten ergibt sich schließlich daraus, daß die Anerkennung der deutschen Diplome in zahlreichen Entwicklungsländern erleichtert wird, wenn sie durch EG-Richtlinien zwischen den ehemaligen europäischen Mutterländern hergestellt ist. Da diese Länder in ihrer Bildungspolitik häufig entweder franco – oder anglophon ausgerichtet sind, wird die Anerkennung deutscher Diplome durch Frankreich und Großbritannien die eigenen Anerkennungsüberlegungen positiv beeinflussen.

Dr. *Rüdiger Stephan*

Akademische Mobilität in Europa

Im akademischen Bereich ist der Begriff der Niederlassungsfreiheit nicht der gemäße. »Freizügigkeit« und »Mobilität« treten an seine Stelle. Zwar werden beide Begriffe oft unterschiedslos verwendet, aber in den vergangenen Jahren hat sich eine gewisse Rivalität zwischen den beiden entwickelt und inzwischen ist der Sieg des leicht übersetzbaren Terminus »Mobilität« unzweifelhaft.

Die größere Tradition und zugleich auch Bedeutungskraft hat aber »Freizügigkeit«. Doch kann ich mich des Eindrucks nicht erwehren, daß »Freizügigkeit« mancherorts irgendwie anrüchig geworden zu sein scheint. Bei Organisatoren und Technokraten der internationalen Beziehungen geriet sie in den Verdacht der Zügellosigkeit. Hinter der Freizügigkeit oder libre circulation wurde die Gefahr einer circulation sauvage erblickt, dem »wilden Denken« entsprungen. »Mobility must be organized«, heißt der Zauberspruch der europäischen Zukunft. Manche wollen uns wohl glauben lassen, daß wir in einem neuen Zeitalter der Aufklärung leben, indem sie unterscheiden zwischen »mobilité sauvage« und »mobilité éclairée«.

Freizügigkeit scheint heute, im Strom der Nostalgiewelle, ganz selbstverständlich zur Evokation glanzvoller europäischer Vergangenheit zu gehören; erinnert sie sich an das längst entschwundene christliche Europa des Mittelalters, als die europäischen Universitäten sich als Vereinigung verschiedener nationaler Korporationen verstanden, als die Sorbonne, Bologna oder Prag Lehrer und Studenten aus aller Welt anzogen, als das Diplom oder das Meisterstück die Summa von Auslandserfahrungen darstellte; kurzum, als Freizügigkeit eine Selbstverständlichkeit war.

Utopien in die Vergangenheit zu verlegen, ist ein beliebtes Spiel. Doch ist es wahrlich faszinierend, daß Freizügigkeit solchermaßen bestanden hat, wenn auch unter völlig anderen geschichtlichen und gesellschaftlichen Gegebenheiten. 200 Jahre Nationalstaatlichkeit sind damit aber nicht ad acta zu legen, in den national-verfestigten Strukturen der europäischen Gesellschaften, in unserer höchst verwalteten Welt muß Freizügigkeit organisiert, muß Mobilität betrieben werden. Gleich eingangs sollte auch zum Ausdruck gebracht werden, daß sich in keinem anderen gesellschaftlichen Bereich

nationales Bewußtsein so stark ausgeprägt und in Strukturen umgesetzt hat wie im Bildungsbereich. Ohne das Idealbild ganz zu vergessen, müssen Realitäten ins Auge gefaßt werden, und so wandelt sich die Niederlassungsfreiheit in Niederlassungsrecht, die Freizügigkeit in Mobilität, die Harmonisierung in die »Korrespondenz« oder »Correspondance«. Der Harmonisierungsgedanke im Hinblick auf Bildungssysteme ist reine Utopie, die Schaffung von »Korrespondenzen« allein realitätsnah und chancenreich[1]. Aber auch dies sei vorweg bemerkt: Am Fortschritt der Beziehungen im Bildungsbereich wird die Entwicklung Europas gemessen werden müssen.
In dem Augenblick, da man die Freizügigkeit beim Worte nannte, als man die Mobilität erfand, hatte man auch einem bereits bestehenden wichtigen Problem den Namen gegeben. Inzwischen hat man sich bereits des öfteren auf bilateraler Ebene, aber auch in den europäischen Gremien, mit diesem Problem auseinandergesetzt. Ich erinnere hier nur an das »special project mobility« des Europarats und den Bericht des Bundesministers für Bildung und Wissenschaften vom 28. April 1978 an den Deutschen Bundestag[2]. Ihm erscheint es als besonders wichtig, »die Freizügigkeit auch für Studenten und Hochschullehrer zu erhalten und zu verbessern und sie zu ermutigen, sie zu nutzen«. Insbesondere ist geplant, im Rahmen der Europäischen Gemeinschaften eine Art Verbundnetz von kleinen Verwaltungseinheiten zu schaffen, sogenannten Mobilitätszentren, die miteinander koordiniert sind und durch regelmäßige und intensive Information die internationale Mobilität fördern sollen.
Die Beschäftigung mit internationaler Mobilität im Bildungsbereich ist aber wesentlich älter als die oben genannten Ereignisse. Manches, was lange zuvor in der Partnerschaft zu zweit erprobt worden war, fand später Eingang in die Zusammenarbeit auf europäischer Ebene. Als Beispiel sei lediglich die Umstellung vom quantitativen auf das qualitative Prinzip bei der wechselseitigen Anerkennung von Diplomen angeführt. Das qualitative Prinzip wurde zuerst bilateral zur Erarbeitung von Studienäquivalenzen angewandt.
Sie werden deshalb von mir immer wieder Beispiele aus den bilateralen Beziehungen hören, wobei ich aufgrund eigener Erfahrung vor allem auf die deutsch-französische Zusammenarbeit Bezug nehme.
Zwei Teilaspekte der Mobilität zumindest sollten meiner Ansicht nach grundsätzlich unterschieden werden, obgleich sie auch wiederum voneinander abhängen: einmal die administrative und institutionelle Beweglichkeit der Hochschulmitglieder, zum anderen das Eigeninteresse, die »Disponibilität« der Angesprochenen.

1 vgl. hierzu auch o. S. 11, 18, 25–26, 99
2 vgl. o. S. 17, Anm. 1–3

Zur Mobilität der Studenten

Deutlich wird die oben gemachte Unterscheidung, aber auch gegenseitige Abhängigkeit der beiden Aspekte, wenn wir die studentische Mobilität innerhalb der Europäischen Gemeinschaft näher in Augenschein nehmen.

Noch in den sechziger Jahren wurde etwa bei uns die Freizügigkeit der Studenten nicht deshalb gefördert, weil es sie vorher nicht oder nur in geringem Umfange gegeben hatte, sondern weil sie Bestandteil einer Politik der Öffnung der Verständigung im Hinblick auf Europa war. Die Situation hat sich heute, wie wir wissen, grundlegend geändert. Die in heftige Bewegung geratenen Bildungssysteme engten die »Beweglichkeit« und »Bewegbarkeit« des einzelnen ein. Wirtschaftliche Rezession und Verringerung der Berufschancen setzten die Motivation zum Auslandsaufenthalt auf ein Minimum herab.

Zur Illustration geben wir im folgenden einige Zahlen[3].

Es gibt etwa 3,6–4 Millionen Studenten in der EG:

In Großbritannien:	~ 520 000 Studenten
davon	11,7% Ausländer = ~ 50 000
davon wiederum	aus der EG = ~ 2250 (75/76)
Frankreich:	880 000 Studenten
davon	~ 11% Ausländer = ~ 80 000
davon wiederum	aus der EG = ~ 6480 (74/75)
Bundesrepublik Deutschland	877 000 Studenten (mit Fachhochschulen)
davon	~ 5,8% Ausländer = ~ 50 000
davon wiederum	aus der EG = ~ 6750 (75/76)
1978	914 000 Studenten
WS 77/78 davon 5,7 =	51 000 ausländ. Studierende
Briten/Vereinigtes Königreich:	4098
Franzosen:	3416
Deutsche im Ausland[4].	3271

Insgesamt studiert damit nur ein »verlorener Haufen« Studenten der EG in den Partnerländern: etwa 21 500 Studenten der EG sind »mobil«, das sind ›sage und schreibe‹ 0,5%, eine fürwahr aussagekräftige Durchschnittszahl. Schauen wir aber genauer in die nationalen Systeme hinein, dann erkennen wir doch recht unterschiedliche Gründe für dieses eklatante Defizit an Mobilität.

Befragen wir zunächst die französische Mobilität. Im Unterschied zu den

3 Sie wurden dankenswerterweise von Dr. Manfred Stassen Deutscher Akademischer Austauschdienst zur Verfügung gestellt.

4 Die allgemeine Tendenz ist fallend, da die Gesamtzahlen von Studierenden steigen, während die der Auslandsstudenten stagniert.

meisten anderen europäischen Ländern gibt es in Frankreich eine starke Tradition der »Immobilität«. Das französische Hochschulsystem mit seinem klar gegliederten und zugleich rigiden Aufbau – ganz gleich ob es sich nun um Universitäten oder Elitehochschulen handelt, mit seiner Bildungskonzeption und seinem Concourssystem (System des nationalen Wettbewerbs zum Einstieg in die Berufe) – hat von jeher das Interesse, die Neigung zum Auslandsaufenthalt am ganz kurzen Zügel gehalten. So aufgeschlossen sich Frankreich schon immer dem ausländischen Studenten gegenüber verhalten hat, so gering war bis in die jüngste Zeit hinein das Verständnis für die Beweglichkeit der eigenen Landsleute. Daran hat auch die Universitätsreform von 1978 nichts geändert, obgleich die Aufgabe internationaler, europäischer Kooperation einen vorrangigen Platz im Gesetz einnimmt. Im Gegenteil, die Studienreformen der Folgezeit haben das System weiter verfestigt.

Jedes Universitätsdiplom (von ganz wenigen Ausnahmen abgesehen), ja sogar die Zwischenexamina, sind zugleich Staatsdiplome; nach dem ersten Studienzyklus, das zwei Jahre dauert, wird praktisch jedes weitere Studienjahr mit einem solchen Staatsdiplom abgeschlossen. Die Folge davon ist, daß es keine Entsprechung für im Ausland erworbene Studienleistungen und -zeiten, keine Anrechnungsmöglichkeit gibt.

Die relative »Ausweglosigkeit« des französischen Bildungssystems läßt sich auch aus der nationalen Stipendienförderung sichtbar machen. Abgesehen davon, daß das dem BAFÖG-Stipendium vergleichbare französische Nationalstipendium sehr niedrig ist – ca. FF 600,– bis 700,– als Höchstsatz = DM 350,–, gibt es auch keinen den Lebenshaltungskosten im Ausland entsprechenden Zuschlag. Das französische Graduiertenförderungsstipendium, das bei FF 2000,– liegt, kann sogar überhaupt nicht im Ausland in Anspruch genommen werden.

Als drittes Beispiel sei die Stipendienförderung der staatlichen Kulturressorts erwähnt. Es gibt keine Auslandsstipendien für französische Studenten durch nationale Organe. Auf die geschichtlichen und kulturpolitischen Hintergründe dieser Haltung oder »Mentalität« kann ich hier nicht eingehen.

Vielleicht hat aber in Frankreich jetzt eine neue Stunde geschlagen. Im vergangenen Jahr stellte die Universitätsministerin in einem Interview zum ersten Male die absolute Ausschließlichkeit des Staatsdiploms in Frage; und vor einiger Zeit verkündete Premierminister Barre die Notwendigkeit, den Export der französischen Studenten zu steigern, sie sozusagen als »Botschafter« der französischen Universität und Kultur zu entsenden[5].

5 Er bemängelte aber auch die »Überzahl« ausländischer Studenten an französischen Universitäten, wobei er vor allem die »Invasionen« aus nordafrikanischen Ländern aufs Korn zu nehmen schien.

Die genannten drei Beispiele für die Behinderung studentischer Mobilität wurden mit Bedacht ausgewählt, weil sie die Vielfältigkeit solcher Barrieren veranschaulichen und auch als allgemein typisch gelten können.

Dem Kenner der deutsch-französischen Szenerie fällt allerdings eine Vergleichszahl besonders auf: Zum ersten Male ist statistisch erwiesen, daß derzeit mehr französische Studenten an deutschen Universitäten studieren als umgekehrt – eine kleine Revolution traditioneller Verhältnisse hat hier offenbar stattgefunden.

Folgende Gründe lassen sich nennen: eine intensive bilaterale Zusammenarbeit im akademischen Bereich, verstärkte Information, Sonderprogramme, Studienäquivalenzen und die wachsende wirtschaftliche Bedeutung der Bundesrepublik – vor allem aber die frappierende Stagnation der deutschen Studentenzahlen in Frankreich. Über die »Auslandsmüdigkeit« der deutschen Studenten ist genug gesagt und geschrieben worden: Regelstudienzeit, schlechte Berufsaussichten und demgemäße Eile mit dem Studienabschluß, aber ebenso mangelnde Information und Landeskenntnisse oder auch fehlende Sprachkenntnisse werden als hauptsächliche Ursachen angesehen.

Allerdings gab es Stimmen, wie die des Freiburger Universitätsrektors (kurz vor seiner Ernennung zum baden-württembergischen Hochschulminister), die vernehmlich hören ließen, daß sie die »Auslandsmüdigkeit« der deutschen Studenten für eine Legende hielten. Die wachsende Zahl von Bewerbern zu verschiedenen Programmen für Auslandsstipendien scheint ihnen recht zu geben. Wir sind aber der Meinung, daß diese Entwicklung nur Teilaspekt ein und desselben Phänomens ist. Die Unsicherheit und »Angst« vor einem Auslandsstudium drückt sich eben auch dahingehend aus, daß neben den gewichtigen finanziellen Vorteilen der sichere Rahmen eines Programms geschätzt wird: Erleichterungen bei der Wohnungssuche, der Immatrikulation in die ausländische Hochschule oder bei der Anerkennung des Auslandsaufenthalts. Und eines sollte nicht vergessen werden, was die Stagnation bzw. den Rückgang deutscher studentischer Mobilität noch bedenklicher macht: Die Statistiken sagen nicht aus, daß es sich bei den deutschen Studenten häufig auch um Studienanfänger auf der Flucht vor dem »Numerus Clausus« handelt. Wir beobachten hier eine neue Form der Mobilität, die unangenehme Auswirkungen für die internationale Zusammenarbeit hat, weil sie bei Nachbarländern zu protektionistischen Maßnahmen führt – wie etwa in Frankreich!
Mobilitätsbarrieren lassen sich auch in anderen Ländern ausmachen.

Großbritannien hat sich in eine »splendid isolation« begeben, indem es die Studiengebühren drastisch erhöhte[6]. Seit dem vergangenen Jahr sind die Gebühren für undergraduates auf £ 780.– = DM 2500,– und für postgraduates auf £ 950.– = DM 3200,– gestiegen. Wer kann das bezahlen? Doch nur Stipendiaten, denen der Stipendiengeber die Gebühren gleich mitbezahlt!
Italiens Hochschullandschaft – hoffnungslose Überfüllung, wirtschaftliche, politische, organisatorische Schwierigkeiten – stellt leider heute kaum eine Verlockung nach Süden dar, außer für Numerus Clausus-»Flüchtige« – aber auch da sind Grenzen gesetzt – oder für die wenigen Italianisten. Umgekehrt erscheint der Weg über die Alpen ebenso schwer – neben psychologischen Gründen macht sich hier wiederum ein bekanntes Hindernis bemerkbar – die Nichtanerkennung von Studienleistungen, die im Ausland erbracht wurden. Die 0,5% Mobilität im Europa der Studenten wird so begreiflicher. Und doch darf nicht übersehen werden, daß auch viel unternommen wurde, um die internationale Mobilität zu fördern.
Die traditionellen Maßnahmen zur Förderung studentischer Mobilität – Auslandsstipendien aller Kategorien, Langzeit- und Kurzzeitstipendien, Studien- und Promotionsstipendien, Sonderprogramme für zukünftige Sprachlehre, Romanisten-, Germanisten-, Anglistenprogramme – sie seien hier nur aufgezählt. Ein Wort zu den Partnerschaften, die auch Vorteile für die studentische Mobilität versprachen: einige Partnerschaften leben, viele dämmern dahin. Die Zahl ausgetauschter und austauschbarer Studenten hält sich in bescheidensten Grenzen. Unter den gegebenen Umständen gibt es keine Hoffnung, daß die Partnerschaften zu einer Verbesserung der 0,5% Mobilität beitragen können.
Bedeutsamer für die studentische Mobilität, wenn auch in ihrer Wirkung nur schwer überprüfbar, sind die Studienäquivalenzen. Schon vor 15 Jahren hat man sich auf bilateraler Ebene mit dieser Frage intensiv beschäftigt. Im Deutsch-Französischen Vertrag vom 22. 1. 1963 heißt es, daß die »zuständigen Behörden beider Staaten« gebeten werden sollen, »beschleunigt Bestimmungen über die Gleichwertigkeit der Schulzeiten, der Prüfungen, der Hochschultitel und -diplome zu erlassen«. Dieses als »prioritär« zu bezeichnende Aktionsprogramm unterläßt eine wichtige Unterscheidung – die zwischen den Studienäquivalenzen und der Anerkennung von Hochschuldiplomen mit effectus civilis.

6 zum neuesten Sachstand: vgl. Antwort der Bundesregierung vom 5. 2. 1980 auf eine Kleine Anfrage im Deutschen Bundestag, BT-Drs. 8/3640.

Mit dem zivilen Effekt – gewissermaßen dem Bindestrich zum Niederlassungsrecht – treten wir aus dem akademischen Bereich heraus. Es ist bekannt, daß die damit zusammenhängenden Fragen seit dem Rom-Vertrag in der Zuständigkeit von Brüssel liegen. Studienäquivalenzen dagegen stellen den Vergleich von Studienzeiten, -inhalten und Prüfungen fest. Sie ermöglichen eine doppelte Anerkennung: einmal die Anerkennung des an der Heimatuniversität erreichten Studienniveaus und damit die Garantie für eine entsprechende Einstufung in der ausländischen Universität; zum anderen die Anerkennung der in der ausländischen Hochschule erbrachten Studienleistungen bei der Rückkehr in die Heimatuniversität. Wir können heute – und vielleicht noch in weiter Zukunft – lediglich ein konkretes Beispiel anführen – die deutsch-französischen Studienäquivalenzen.
Die deutsch-französische Rektorenkonferenz, keineswegs eine national zuständige Behörde, griff 1966 das Aktionsprogramm des Deutsch-Französischen Vertrages auf und erarbeitete die ersten Studienäquivalenzen, die 1972 veröffentlicht worden sind. Sie erstrecken sich auf die geistes- und naturwissenschaftlichen Disziplinen. Infolge der französischen Universitätsreform mußte die Arbeit für längere Zeit unterbrochen werden. 1974 wurden dann wieder Fachkommissionen gebildet, die Äquivalenzen in Medizin, Politik- und Wirtschaftswissenschaften erarbeitet haben. Diese blieben über ein Jahr liegen, bevor sie zur Kenntnis genommen und den Bevollmächtigten beider Länder für kulturelle Angelegenheiten im Rahmen des Deutsch-Französischen Vertrags zur Verabschiedung vorgelegt wurden. Diese wiederum empfahlen eine erneute Überprüfung. Im Frühjahr 1978 wurden sie endlich offiziell gutgeheißen und harren nun wieder der – entscheidenden – Umsetzung in nationales Recht, das heißt in der Bundesrepublik in Empfehlungen, Beschlüsse oder Ländergesetze.
Vor kurzem hat eine inzwischen eingerichtete permanente Arbeitsgruppe mit der Überarbeitung der längst revisionsbedürftig gewordenen Studienäquivalenzen von 1972 begonnen.
Erwähnung finden soll außerdem, daß das Büro GE-TH, ein Fachgremium, das die Kontakte zwischen den französischen Grandes Ecoles Techniques und den deutschen Technischen Hochschulen hält, ebenfalls Empfehlungen in den technischen Fächern erarbeitet hat. Diese Studienäquivalenzen haben natürlich keinerlei Verbindlichkeit, da sie das Werk von Experten sind, ohne daß die staatliche Seite dazu Stellung genommen hat.
Die deutsch-französischen Studienäquivalenzen von 1972 schienen zunächst einen verheißungsvollen Schneeballeffekt zu haben. Man begann mit deutsch-italienischen, französisch-italienischen, mit deutsch-holländischen und deutsch-belgischen Projekten. Sie sind offenbar im Sande der Bürokratie

zerlaufen. Die deutsche Kultus- und Bildungsverwaltung hat hier anscheinend eine besonders fragwürdige Rolle gespielt.
Mein Bericht über die junge Geschichte der Studienäquivalenzen fällt deshalb etwas breiter aus, weil die Langwierigkeit ihres Werdegangs deutlich werden soll. Die Experten waren sich stets schnell einig. Es sind immer die nationalen Stellen, die unter Berufung auf ihre Kompetenz die Anwendung hinausgezögert oder verhindert haben. Auch in der letzten Zeit wurden wiederum Befürchtungen von dieser Seite laut, daß Studienäquivalenzen indirekt auch Auswirkungen auf den Effectus civilis haben könnten, nachdem beim Europäischen Gerichtshof ein Urteil über die Anerkennung eines belgischen Diploms mit dem Ziel der Berufsausübung gefällt worden war, das auch die Frage der Studienäquivalenzen berührte. Studienäquivalenzen aber haben – und hier weise ich wiederum auf die deutsch-französischen Äquivalenzen hin – stets einen wichtigen Zusatz: Sie gelten nur im Hinblick auf das Weiterstudium. Soweit ich das Urteil von Luxemburg einsehen und als Nichtjurist interpretieren konnte, geht daraus keineswegs hervor, daß Studienäquivalenzen die Anerkennung eines Diploms im Hinblick auf seinen effectus civilis determinieren.
Angesichts der bestehenden Schwierigkeiten muß man sich die Frage stellen, ob sich die Anstrengungen und Mühen lohnen, solche allgemeinverbindlichen Lösungen zu finden. Wer aus der Praxis kommt, kann nur eine bejahende Antwort geben. Studienäquivalenzen garantieren allein Schnelligkeit und Gerechtigkeit bei Verwaltungsentscheidungen. Allerdings genügen sie heute nicht mehr, für sich allein gesehen und angewandt, zur Förderung studentischer Mobilität. Tatsache ist vielmehr, daß beispielsweise in der letzten Zeit viele deutsche Studenten es vermieden haben, sich ihren Auslandsaufenthalt anrechnen zu lassen, aus Furcht vor den Auswirkungen der Regelstudienzeit. Eine Lösung des Problems ist bereits in Sicht. Einige Länder, mit Sicherheit Nordrhein-Westfalen, haben bereits Verordnungen erlassen, die zur Folge haben, daß ein Auslandsstudienjahr nicht angerechnet wird.
Ein echter Anreiz zur Mobilität ergibt sich aber erst aus dem Verbund von Studienäquivalenzen und Jahresbonus. Ich erlaube mir auf einen entsprechenden Vorschlag hinzuweisen, den ich 1976 in den »Nouvelles Universitaires Européennes« gemacht habe. Eine solche »Verbundmaßnahme« bietet die Chance, das psychologische Haupthindernis, die Angst des Studenten, Zeit zu verlieren, von vornherein auszuschalten. Er könnte damit sogar Zeit gewinnen. Ohne Studienäquivalenzen scheint mir aber auch die Verwirklichung neurerer Vorschläge und Projekte zur Förderung studentischer Mobilität kaum möglich.

Ich greife die mir am wichtigsten erscheinenden heraus:

1. Den Vorschlag einer europäischen »Bildungsbörse«, (veröffentlicht in einem Aufsatz vom Mai 76 in der DUZ), das heißt der Einrichtung einer clearing-Stelle, die die ›Ausbildungskapazitäten in den einzelnen Disziplinen berechnet und nach einem ebenfalls noch zu entwickelnden Auswahlverfahren die europäischen Studienbewerber auf die verfügbaren . . . Studienplätze verteilt«. Zur Veranschaulichung dient das vielbemühte Bild der kommunizierenden Röhren. Als gleichsam politischer Nebeneffekt wird die »integrative Kraft« einer solchen Maßnahme ins Spiel gebracht. Dieser Vorschlag kann hier nicht diskutiert werden. Es sei hier nur folgendes angemerkt: Abgesehen von der Schwierigkeit seiner praktischen Verwirklichung, scheint mir die Entwicklung in Richtung auf eine Auflockerung des Numerus Clausus einem solchen Projekt die Grundlagen zu entziehen.
Die Hoffnung auf Europa sollte nicht darin bestehen, daß Probleme, die jeder für sich lösen sollte, auf die nächsthöhere – europäische – Ebene geschoben werden. Das Ziel bleibt vielmehr Durchlässigkeit (Korrespondenz, »correspondance«) der Bildungssysteme[7].

2. Der Aufbau »integrierter Auslandsstudien«. Die Avantgarde bilden die britischen Universitäten, die in den Fremdsprachenfächern (das heißt in den örtlichen Prüfungsordnungen) obligatorische Auslandsaufenthalte bis zu einem Jahr vorsehen. Die EG stellten seit zwei Jahren Mittel zur Vorbereitung gemeinsamer Studienprogramme zur Verfügung (Beispiel Paris I – Universität London). Zur Zeit wird dort geprüft, ob nicht auch die Verwirklichung von solchen Vorhaben finanziell unterstützt werden kann. Hervorgehoben zu werden verdient hier auch eine interessante Initiative des DAAD, der seit 1978 den deutschen Universitäten Mittel zur Einrichtung und Durchführung integrierter Auslandsstudien in direkter Zusammenarbeit mit einer ausländischen Hochschule zur Verfügung stellt.

3. Zum dritten möchte ich kurz zwei Programme beziehungsweise Vorhaben aus den deutsch-französischen Beziehungen vorstellen, weil ich der Auffassung bin, daß sie – und dies wäre nicht das erste Mal – auch als Vorreiter auf europäischer Ebene fungieren könnten.

7 vgl. o. S. 40, Fußnote 1.

In Fortsetzung der bereits zum festen Bestandteil deutsch-französischer und deutsch-englischer Beziehungen gehörenden Multiplikatorenprogramme für zukünftige Sprachlehrer wurde ein Sonderprogramm für Studenten der Geschichte, Politik- und Wirtschaftswissenschaften aufgebaut (die Mittel stammen vom Deutsch-Französischen Jugendwerk). Ich weise auf dieses Programm vor allem deshalb hin, weil hier das Thema Mobilität durch einen neuen Aspekt ergänzt wird – eine fächerspezifische Schwerpunktsetzung. Für das deutsch-französische Verhältnis, aber auch für die europäische Entwicklung überhaupt ist die Förderung des Nachwuchses in Disziplinen wie Geschichte und Politikwissenschaften von vorrangiger Bedeutung. Die Hereinnahme von Wirtschaftswissenschaftlern hatte einen anderen Grund: in diesem Fach gab es bisher keine Mobilität zwischen Deutschland und Frankreich.

Mit Interesse sollte auch ein Vorhaben verfolgt werden, das einen weiteren Beitrag zur Förderung genereller Mobilität leisten könnte. In Zusammenarbeit zwischen den im deutsch-französischen Bereich tätigen Organisationen (ONUEF, WRK, DAAD) wurden die hauptsächlichen administrativen Hindernisse aufgelistet, in ihrer praktischen Auswirkung untersucht und konkrete Vorschläge zu ihrem Abbau unterbreitet. Ein solches Verfahren bietet die beste Möglichkeit, den wirklichen Problemen auf die Spur zu kommen: dem schier unüberwindbaren Papierberg, den komplizierten, manchmal geradezu ausweglosen Versicherungsproblemen, der Wohnungsbeschaffung, den Schwierigkeiten bei der Beurlaubung – oder der Rückkehr, um nur die wichtigsten zu nennen.

Darauf aufbauend ist der Gedanke der Schaffung eines internationalen Studentenausweises entstanden, ausgestellt von der Heimatuniversität, die dem Studenten damit die offizielle Beurlaubung erteilt. Auf diesem Ausweis sollte für die Universitätsverwaltung beider Länder verständlich eingetragen sein – neben den persönlichen Daten – die Fachrichtung, das Studienniveau, Sprachkenntnisse.

Ist es heute noch einsichtig, daß man komplizierte Exmatrikulationsverfahren oder Beurlaubungen, Einschreibeprozeduren hinter sich bringen muß, daß man zwei Versicherungen abschließen muß, daß das Studienniveau nur durch Vorlage zahlreicher – und ich wage zu behaupten, überflüssiger – Unterlagen nachgewiesen werden kann?

Ich schließe diesen Teil über studentische Mobilität mit der These, daß kein noch so gut konzipiertes Förderungsprogramm, kein Verbundnetz von Mobilitätszentren oder Zentralstellen für Äquivalenzen uns entscheidend über die 0,5% Mobilität hinaushebt, wenn es uns nicht gelingt, die oben skizzierte nationale Verwaltungsblockade aufzuheben.

Zur Mobilität der Hochschullehrer

Die Frage nach der Mobilität von Hochschullehrern, von Professoren und Assistenten führt uns in ruhigere Gewässer. Trotzdem, um bei dem Bild zu bleiben, gibt es auch hier zahlreiche Untiefen, die die Beweglichkeit einschränken. Vorweg sollte eine Form der Mobilität von Hochschullehrern kurz behandelt werden, die heute ganz in den Hintergrund Überlegungen getreten ist: die Laufbahn als Hochschullehrer im – europäischen – Ausland. Generell kann festgestellt werden, daß jedes Land der EG die administrativen Voraussetzungen für die »Niederlassung« ausländischer Hochschullehrer besitzt. Stellenstopp und Stellenverstopfung haben der stets bescheidenen Mobilität ein Ende gesetzt. Eine Verbesserung dieser Situation gibt es in absehbarer Zeit nicht. Zu überlegen bleibt, ob nicht mit dem Blick auf die europäische Entwicklung eine »gezielte Mobilität« angestrebt werden sollte, etwa in den Fremdsprachenfächern.

Im Gegensatz zur studentischen Mobilität sind die statistischen Grundlagen zur Beurteilung der Freizügigkeit von Hochschullehrern äußerst schwach. Dem soll eine Unternehmung des DAAD, das heißt, die als deutsche Einrichtung für Mobilitätsfragen geplante Arbeitsstelle beim DAAD, Abhilfe leisten. Eigene Erfahrungen aber belegen, daß die »kurzfristige Mobilität« der Hochschullehrer in den vergangenen Jahren beträchtlich zugenommen hat. Die Gründe dafür liegen auf der Hand: einmal haben die internationalen Einladungen zugenommen, insbesondere zu kurzfristigen Aufenthalten, da diese ja finanziell weit weniger aufwendig sind als etwa langfristige Gastdozenturen; zum anderen behandeln die internationalen Organisationen und zuständigen Regierungsstellen den Austausch von Hochschullehrern und Wissenschaftlern als Priorität.

Das auf den ersten Blick angenehme Bild muß jedoch durch einige kritische Striche realitätsnäher gemacht werden. Jüngere Wissenschaftler, Hochschulassistenten ziehen es heute vielfach vor, sich an der Heimatuniversität langsam, aber doch vergleichsweise sicher hochzudienen. Längere Auslandsaufenthalte sind mit allzu großen Risiken für die eigene Laufbahn verbunden. Ich habe den Eindruck, daß wir in allen europäischen Ländern heute eine vergleichbare Situation vorfinden.

In Frankreich haben die Assistenten die geringsten Existenzsorgen. Denn selbst wenn sie nach ihren maximal 6 Jahren Tätigkeit nicht Hochschullehrer auf Lebenszeit werden können, sind sie im allgemeinen bereits Beamte vor Eintritt in die Hochschullehrerlaufbahn und haben damit »ausgesorgt«. Aber ihre »internationale Beweglichkeit« ist nicht größer als die ihrer britischen oder deutschen Kollegen aus dem Mittelbau. In einer noch nicht veröffentlichten französischen Dissertation über die deutsch-französischen Hochschulbeziehungen ist beispielsweise zu lesen, daß ein längerer Auslandsaufenthalt nicht, wie man dies erwarten könnte, eine Zusatzqualifikation, eine Chance zum Fortkommen bietet, sondern sich vielmehr als Nachteil auswirkt.

Die Schwierigkeiten, den Mittelbau »mobil« zu halten, die hier besonders eng mit dem Laufbahnproblem verknüpft sind, wurden zweifellos erkannt. Wiederum hat man zum schon bewährten Mittel der Sonderprogramme gegriffen, die zugleich den nicht zu unterschätzenden Vorteil bieten, daß sie den spezifischen Bedürfnissen der Klienten weitestgehend angepaßt werden können. Speziell im deutsch-französischen Austausch gibt es solche Programme. Der DAAD bietet 1979/80 für die Angehörigen des Mittelbaus Fortbildungsstipendien (1–6 Monate) im Ausland an. So vorzüglich solche Sonderprogramme sein mögen – wäre es nicht möglich, grundsätzlichere Lösungen anzustreben, etwa die Maximaldauer der Assistentenzeit um 1–2 Jahre zwecks Lehr- und Forschungsaufenthalt im Ausland zu verlängern und dafür in europäischer Abstimmung die finanziellen Voraussetzungen zu schaffen?

Bei dem – in jedem Falle vergeblichen – Versuch, ein einigermaßen vollständiges Bild über die Problematik der Mobilität zu gewinnen, stößt man auf eine besondere Kategorie von Hochschullehrern, die Lektoren. Sie bilden eine wichtige Präsenz ausländischen akademischen Nachwuchses an der jeweiligen Hochschule und fungieren als Bindeglieder zwischen zwei Ländern beziehungsweise deren Universitäten. Eine umfassende Konvention des Europarats unterstützt den innereuropäischen Lektorenaustausch.

Die Lektorenvermittlung geht von zwei Grundprinzipien aus, von der Qualität der vermittelten Lehrkräfte und der zeitlichen Befristung des Lektorats. Vermittelt werden Graduierte und Promovierte der Fremdsprachenfächer, aber auch anderer Geisteswissenschaften (Geschichte, Politik, Sozialwissenschaften), ja sogar Rechts- und Wirtschaftswissenschaften. Vor allem in der Bundesrepublik ist dieses Instrument internationaler Kooperation heute ernsthaft gefährdet. Die Stellen sind blockiert, auf Lebenszeit besetzt, gestrichen, stillgelegt oder auch so mit Lehrverpflichtungen überladen, daß der ausländische Lektor kaum mehr etwas für seine eigene Laufbahn zu tun in der Lage ist.

Nach diesen wenigen Streiflichtern auf die Mobilität der verschiedenen Gruppen von Hochschullehrern soll hier noch kurz eine Erfahrung eingebracht werden, die wahrscheinlich auch viele von Ihnen gemacht haben. Die Naturwissenschaftler sind der europäischen, überhaupt der internationalen Freizügigkeit verhältnismäßig nahe gekommen. Wesentlich zähflüssiger fließt der Strom der Geisteswissenschaftler über die Grenzen. Daß die Geisteswissenschaften von jeher stärker »national« ausgerichtet sind, ist gewiß nicht neu. Vor allem Frankreich und Italien bleiben noch stark nationalen Traditionen verpflichtet. Die Ursachen liegen dort vor allem in der vordringlichen Aufgabe der Universitäten als Lehrerbildungsstätten, als »Lebensquellen« des nationalen Bildungswesens. Zugleich müssen hier aber zusätzliche gewichtige Gründe für den Mangel an Mobilität zur Sprache kommen, die uns in das weitere Umfeld der »Mobilität« führen – ich meine mangelnde Information und fehlende Sprachkenntnisse.

Sie sollten nicht ungenannt bleiben, um zu verdeutlichen, wie fazettenreich das Thema Mobilität ist, wie unterschiedlich die Faktoren sind, die Mobilität und Freizügigkeit bestimmen.

Auf dem Gebiet der Information wurden bereits größere Anstrengungen unternommen. Die Publikationen über Hochschule und Wissenschaft im internationalen Zusammenhang häufen sich. Das umfangreiche Handbook für Studenten der EG wurde vom DAAD veröffentlicht. Was vielfach noch fehlt, sind Fachstudien- und Wissenschaftsführer. Ein Hinweis gilt dem »Institut de l'Education« der Europäischen Kulturstiftung, Amsterdam, das bereits Berichte über die Mobilität der Hochschulmitglieder herausgebracht hat und weitere vorbereitet.

Weit schwieriger gestaltet sich jeder – beinahe vermessene – Versuch, das Sprachproblem beschreiben zu wollen, reicht es doch bis in die verschiedenen Schulreformen hinein. In Deutschland kommt die Welle derjenigen Schüler, die außer Englisch keine andere Sprache mehr sprechen, erst noch in unsere Hochschulen. Soweit die Lage überblickt werden kann, läßt der Fremdsprachenunterricht in den Schulen der anderen europäischen Länder ebenfalls zu wünschen übrig. Daraus ist der Schluß zu ziehen, daß die Hochschulen nun selbst aufgerufen sind, über dieses Problem ernsthaft nachzudenken, wenn sie ihrem Auftrag der internationalen Zusammenarbeit nachkommen wollen. Bemerkenswert ist in diesem Zusammenhang die französische Studienreform, die für ausnahmslos alle Studenten des ersten Studienzyklus das obligatorische Studium einer Fremdsprache vorsieht. Viele Hochschulmitglieder, insbesondere Naturwissenschaftler und Mediziner, halten das Nachdenken über solche Sprachprobleme für mehr oder weniger überflüssig. Sie verständigen sich mündlich und schriftlich auf Allerweltsenglisch. Kann eine solche Form oberflächlicher Kommunikation der Notwendigkeit kultureller und gesellschaftlicher Verständigung angemessen sein?

In den geisteswissenschaftlichen Disziplinen zumindest scheint eine tiefergehende Verständigung über eine dritte, mehr oder weniger gut beherrschte Sprache, kaum möglich.

Folgende Vorschläge sollten zur Diskussion gestellt werden:

- Die Reorganisierung der Lektorenvermittlung und ein Fremdsprachenunterricht für alle Fächer auf Hochschulebene, wobei das französische »Modell« obligatorischen Unterrichts besondere Beachtung finden sollte.
- Sprachliche und landeskundliche Fortbildungskurse für Hochschulmitglieder – auch für die Vertreter der Verwaltung – im Ausland.

Abschließend muß festgestellt werden, daß das Problem Mobilität im akademischen Bereich nur punktuell beleuchtet werden konnte. Der Ländervergleich mußte stückwerkhaft ausfallen – auch, weil die notwendigen Grundinformationen einfach noch fehlen. Ist trotzdem ein Fazit möglich, eine Art Orientierungshilfe für das Angehen, die Lösung von Mobilitätsproblemen? Bei der EG, in den einzelnen Ländern, vor allem den kompetenten Austauschorganisationen und Stellen für internationale Zusammenarbeit ist inzwischen ein ausgeprägtes »Problembewußtsein« vorhanden. Das privilegierte Mittel zur Förderung der Mobilität, das a priori Durchführbarkeit garantiert, sind Sondermaßnahmen »sur mesure«, Spezialprogramme. Damit sind die komplizierten nationalen Ordnungen und Regelungen am leichtesten zu umgehen. Der Einrichtung von Sonderprogrammen kann auch eine nationale oder örtliche Verwaltung leichter zustimmen. Wie lange aber kann man sich dieses Ausweichen vor den wirklichen Problemen noch leisten? Vordringliches Ziel auf europäischer Ebene muß die Schaffung von Durchlässigkeit, die Herstellung von Kommunikationsebenen sein. Diesem Ziel kommen wir näher, wenn die *administrativen Barrieren im nationalen Bereich* abgebaut werden. Die eingetretene beziehungsweise absehbare Beruhigung im Bildungsbereich bietet uns dazu, wie wir meinen, eine gute Chance.

Gerhart Mahler

Der ausländische Arbeitnehmer und seine Kinder im Bildungssystem der Europäischen Gemeinschaft

1. *Situation in der Europäischen Gemeinschaft: Entwicklung der Schülerzahlen und Prognosen Richtlinie und Aktionsprogramm der EG*

Über 7% der *Arbeitnehmer in den 9 Mitgliedstaaten der EG* sind sogenannte Wanderarbeitnehmer, das sind 6 Millionen ausländische Arbeitnehmer. Die meisten kommen aus Italien und der Türkei, danach folgen die Portugiesen – sie arbeiten vor allem in Frankreich –, die Jugoslawen, die Spanier, die Algerier, schließlich die Griechen. Ein Drittel dieser ausländischen Arbeitnehmer, über 2 Millionen, ist in der Bundesrepublik Deutschland tätig. Fast ebenso viele, 1,9 Millionen arbeiten in Frankreich, 1,6 Millionen in Großbritannien. In diesen 3 Staaten befinden sich also 85% aller Wanderarbeitnehmer.

Innerhalb der EG stellen die Italiener das Hauptkontingent an Wanderarbeitern, dies liegt in der Freizügigkeit, die italienische Arbeiter bei der Arbeitsaufnahme in allen EG-Ländern besitzen. In der Bundesrepublik stehen die Türken an der Spitze, gefolgt von den Jugoslawen, erst danach kommen Italiener und Griechen. Dies bedeutet, daß 90% aller Türken und 85% aller Jugoslawen im Ausland in der Bundesrepublik tätig sind. Aus beiden Nationen rekrutiert sich mehr als die Hälfte aller ausländischen Arbeitnehmer in Deutschland. Die Bundesrepublik Deutschland hat dadurch erheblich mehr Probleme, insbesondere sprachlicher Art, als etwa Frankreich oder Großbritannien.

Aber auch die meisten Kinder und Jugendlichen im Alter zwischen 0 und 14 Jahren, nämlich nahezu eine Million, leben in der Bundesrepublik. An zweiter Stelle steht wiederum Frankreich mit 825 000, dann folgen erst mit Abstand und mit nur einem Viertel der ausländischen Kinder, die sich in Deutschland oder Frankreich aufhalten, Großbritannien mit 226 000 und Belgien mit 215 000 Kindern.

Von diesen Kindern besuchen 2 Millionen Schulen der Gemeinschaft. Diese Schülerzahl dürfte sich in den kommenden Jahren vergrößern. Zwar ist die

Zahl der ausländischen Arbeitnehmer in Europa rückläufig, *die Entwicklung bei den Kindern* verläuft jedoch umgekehrt. Der starke Familiennachzug, der Zuwachs an Geburten führt insbesondere in Ballungsgebieten dazu, daß die Zahl der Ausländerkinder ständig weiterwächst. Im Jahr 1975 lag der Prozentsatz der Ausländergeburten in deutschen Großstädten zwischen 30 und 50%. Vor allem der Anteil türkischer Schüler ist ganz erheblich größer geworden. Der Anteil der Kinder einzelner Nationen entspricht nicht dem der Erwachsenen. So waren etwa 1975 27% der Ausländer in der Bundesrepublik Türken, in den Schulen aber sind weit über 50% der Ausländerkinder Türken.

1975 wurden in der Bundesrepublik 100 000 Ausländerkinder geboren, das waren 16,5% aller Geburten. Auch wenn man keine Steigerung der Geburtenhäufigkeit unterstellt – aufgrund einer möglichen allmählichen Anpassung an die landesüblichen Werte – bedeutet die jährliche Geburt von 100 000 Ausländerkindern in einem Zehnjahreszeitraum allein in Deutschland über eine Million zusätzlicher Ausländerkinder. Noch 1976 waren von den 953 000 Ausländerkindern in der Bundesrepublik 66% im Alter bis zu zehn Jahren, 43% waren jünger als 6 Jahre. Sie alle kommen in den nächsten Jahren auf unsere Schulen zu. Da diese Entwicklung einhergeht mit dem Rückgang der deutschen Schüler in den Schulen, da ferner trotz aller Bemühungen und aus vielerlei Gründen, die Zahl der deutschen Kinder die weiterführende Schulen besuchen, größer sein wird als die der Ausländer, ist damit zu rechnen, daß in Verdichtungsräumen wie Frankfurt, München, Nürnberg u.a. der Ausländeranteil in Hauptschulen 60% beträgt, in manchen Schulen in bestimmten Stadtteilen erheblich darüber.
In allen europäischen Ländern ist man sich unter dem Eindruck dieser Zahlen im klaren darüber, daß in unseren Schulen ständig und wahrscheinlich für immer auch Ausländerkinder sitzen werden. Damit ist die in den 70er Jahren auf Europa zugekommene Aufgabe, Kinder aus anderen Nationen und anderer Sprachzugehörigkeit zu unterrichten und zu erziehen und sie in ihre Umwelt sinnvoll zu integrieren, zu einer pädagogischen *Daueraufgabe* geworden.
Diese bildungspolitische Aufgabe in den Griff zu bekommen, hat man in den vergangenen Jahren in allen Staaten versucht. Man hat Richtlinien, Verordnungen, Bekanntmachungen erlassen, modifiziert und neugefaßt. Vergleicht man die Maßnahmen vor 10 Jahren mit denen von heute, so ist festzustellen, daß die Unterschiedlichkeit der Regelungen in den einzelnen Staaten und in den Ländern der Bundesrepublik, viel Kontroverses, das auf das Novum an sich, auf Mißverständnisse, fehlende Erfahrung zurückzuführen war, ver-

schwunden ist und sich die Konzepte für den Unterricht und die Erziehung ausländischer Kinder in den verschiedenen Ländern allmählich dort angleichen, wo die Ausgangslage die gleiche ist.
So konnten auch 1976 das *Aktionsprogramm* der Europäischen Gemeinschaften vom 9. 2. 1976 und ein Jahr später die *Richtlinie* des Rates der EG über die schulische Betreuung der Kinder von Wanderarbeitnehmern vom 25. Juli 1977 verabschiedet werden. Während die Richtlinie des Rates mehr die grundsätzlichen Aufgaben anspricht, insbesondere den Unterricht in der Landessprache (oder einer der Amtssprachen), der den spezifischen Bedürfnissen dieser Kinder angepaßt sein muß, die Aus- und Weiterbildung der Lehrer, die den Unterricht in der Landessprache zu erteilen haben, ferner die Unterweisung der Kinder in ihrer Muttersprache und ihrer heimatlichen Landeskunde sowie die Verpflichtung der Mitgliedstaaten, entsprechende Rechts- und Verwaltungsvorschriften zu erlassen, befaßt sich das Aktionsprogramm detaillierter mit der Verbesserung der Bildung ausländischer Kinder in den Mitgliedstaaten. Dabei ist die Rede von der Durchführung und dem Ausbau von Einführungskursen in die Landessprache, vom Unterricht in der Muttersprache, der möglichst in Verbindung mit dem Herkunftsland im Rahmen des stundenplanmäßigen Unterrichts in der Schule durchgeführt werden soll und von der Verbesserung der Information der Familien über die sich ihnen bietenden Bildungsangebote. Vor allem sind pädagogische Studien- und Forschungsarbeiten vorgesehen, in denen geeignete Methoden des Sprachunterrichts sowie der Stellenwert der Landeskunde und des muttersprachlichen Unterrichts in den Lehrplänen untersucht, die Möglichkeit, Bildungs- und Sprachunterrichtsprogramme in Rundfunk und Fernsehen zu entwickeln, geprüft, schließlich die Errichtung zweisprachiger Schulen erörtert werden. Besonders positiv einzuschätzen ist der vorgesehene und inzwischen in Gang gekommene Informations- und Erfahrungsaustausch über die Entwicklung geeigneter Unterrichtsformen innerhalb der europäischen Gemeinschaften mit dessen Hilfe die unterschiedlichen Unterrichtseinrichtungen miteinander verglichen und beurteilt werden können.

2. *Probleme der ausländischen Arbeitnehmer und ihrer Kinder*

Erstes Problem: Das Identitätsproblem

Von den Vorstellungen, die der Ausländer über die Dauer seines Aufenthaltes hat, hängt weitgehend die Art und Weise die Erziehung seiner Kinder ab. Hier finden wir zwei, drei typische Verhaltensweisen:

Typ 1:

Rückkehr in die Heimat. Solange der ausländische Arbeitnehmer daran denkt, früher oder später wieder in seine Heimat zurückzukehren, solange ist er allen Integrationsbestrebungen seiner Umwelt unzugänglich und unternimmt auch seinerseits wenig, sich in irgendeiner Weise in die Gesellschaft einzugliedern. Dies gilt vor allem für Mütter ausländischer Kinder, die emotional an eine Rückkehr zu den Verwandten, an die Heirat ihrer Tochter im Heimatland usw., denken. Das Interesse mancher Väter wiederum läuft auf möglichst rasches Geldverdienen hinaus, das ihnen ein weiteres Fortkommen in ihrer Heimat ermöglicht, wobei sie auch das Fortkommen ihrer Kinder miteinschließen.

Typ 2a:

Daneben gibt es den Ausländer, der sich von Anfang an völlig darüber im Klaren zu sein scheint, daß er sein Heimatland wohl endgültig verlassen wird. Er will im Aufnahmeland für immer bleiben und wird sich von Anfang an mehr bemühen, sich in seine neue Umgebung einzugewöhnen, sich mehr oder weniger anzupassen. Er ist eventuell auch bereit, bisherige Gewohnheiten, die er aus seiner heimatlichen Kultur mitgebracht hat, aufzugeben.

Typ 2b:

Bei manchen dieser Ausländer hat sich allerdings gezeigt, daß die Bereitschaft, sich zu assimilieren, nicht immer von Dauer war. Oder: Die Assimilation wurde zwar versucht, scheiterte aber schließlich in der deutschen Umwelt am Arbeitsplatz bei den Eltern und bei den Kindern in der Schule, wenn sich herausstellte, daß sie nicht in der Lage waren, sich so rasch, wie sie es sich oder ihre Eltern vorgestellt haben, den Leistungen der deutschen Schüler anzupassen und Eltern wie Kinder feststellen mußten, daß sie de facto in soziale Randgebiete auf allen Ebenen abgedrängt wurden. (Diese Art von Isolation kann die Schule durch ihre Maßnahmen etwas verringern, keinesfalls aufheben.)
Wenn man bedenkt, daß die Haltungen der Eltern von denen der Kinder, zumindest von denen der Jugendlichen, abweichen können, ist es durchaus verständlich, daß nicht nur bei den Erwachsenen, sondern auch bei den Kindern Frustrationserscheinungen auftreten, die kulturelle Identitätskonflikte zur Folge haben. Sie wissen nicht mehr, wohin sie gehören: Ihre gegenwärtige Existenz liegt im Aufnahmeland, ihre zukünftige womöglich in

der Heimat ihrer Eltern. Im Gastland aber werden sie ständig konfrontiert: Verschiedenheit der Lebensgewohnheiten, andere Religion (Moslems) und Weltanschauung, unterschiedlicher Erziehungsstil, Rollenverständnis der Mädchen, andere Lerngewohnheiten, andere Lerninhalte, andere Umwelt.
Die vernünftigste Verhaltensweise wäre die, die den Interessen beider Seiten dient, sowohl dem Zuwanderer wie dem Gastgeberland und in allen Ländern zumindest propagiert wird: Nämlich dem ausländischen Arbeitnehmer und seiner Familie eine *neue* kulturelle und soziale Identität zu ermöglichen; sie durch eine behutsame, aber sichere Wandlung, eine Identität finden zu lassen, mit der sie mit ihrem Heimatland und ihrer Kultur verbunden bleiben, gleichzeitig aber die Einflüsse und vielleicht auch manche Gewohnheiten ihrer neuen Umgebung aufnehmen. Also: Keine türkischen Deutschen oder deutsche Türken, keine portugiesischen Franzosen, sondern Portugiesen, die in Frankreich leben, *Türken in Deutschland.*
Dabei sei nur kurz noch miterwähnt, daß die Haltung der Ausländer keinesfalls einheitlich ist. Sie hängt ab vom Grad ihrer Verbundenheit zum Heimatland, von den ethnischen Bindungen, die bei den Griechen sehr stark sind, nicht viel weniger bei den Türken, von den wirtschaftlichen und sozialen Verhältnissen in der engeren Heimat, in Jugoslawien und seinen Teilrepubliken anders als in Spanien oder der Türkei, nicht zuletzt auch von der Einflußnahme der ausländischen Regierungen und ihrer Vertreter in den Aufnahmestaaten. So ist die Anteilnahme der Entsendestaaten in der Frage »Verbleiben im Aufnahmeland« sehr unterschiedlich. An der Beibehaltung der Identität als Bürger des Heimatlandes und interessiert an der Rückkehr sind insbesondere die griechischen und die jugoslawischen Regierungsstellen; aber auch der türkische Erziehungsminister äußerte kürzlich, unsere türkischen Bürger in Deutschland sollen Türken bleiben.

Zweites Problem: Das Sprachproblem

Wir alle haben an eigenen oder fremden Kindern erlebt, wie Kinder Sprache erlernen. Das Kind beginnt mit Worten, Teilstücken der Sprache, die später zusammengefügt werden zu Sätzen, zu größeren und komplizierteren Strukturen, bis es seine Muttersprache, die Sprache seiner Umwelt beherrscht. So leuchtet die Auffassung ein, ein Kind könnte in diesem Lebensabschnitt zwischen 2 – 4 Jahren gleichzeitig auf dieselbe Weise eine zweite Sprache am leichtesten erlernen. In diesem Fall würden dann zwei Sprachsysteme unabhängig voneinander bestehen, möglicherweise sich überschneiden. Für beides finden wir Beispiele. Es gibt Familien, in denen die Mutter mit dem Kind

spanisch, der Vater deutsch spricht und das Kind in der entsprechenden Sprache auch erwidert. Daneben kann es auch Sprachbereiche geben, in denen sich das Kind in dieser, in anderen in jener Sprache ausdrückt. Doch ist eine vollkommene Zweisprachigkeit, schon aus Mangel an Gelegenheit, zwei Sprachen in diesem Alter zu erwerben, selten. Oft beeinflussen sich beide sprachlichen Systeme gegenseitig und die Beherrschung jeder Sprache hängt von der Intensität der Eltern ab, mit der sie auf den Spracherwerb Einfluß nehmen, schließlich auch vom Intellekt des Kindes.
Erlernen die Kinder zu einem späteren Zeitpunkt die Sprache, etwa ab 6 Jahren, ein Zeitpunkt, der in den meisten Staaten mit dem Beginn der Schulpflicht zusammenfällt, dann können sich die Kinder die zweite Sprache nicht mehr in der Weise, wie es das Kleinkind tut, aneignen. Dann gestaltet das Kind mit dem Bezugssystem über seine Muttersprache seine Beziehungen zur anderssprachigen Umwelt.
Das Aneignen der zweiten Sprache erfolgt nun in einem gesellschaftlich-sprachlichen neuen Zusammenhang. Oft empfindet das Ausländerkind, insbesondere wenn es in diesem Alter oder später erst in das Aufnahmeland kommt, diesen Einfluß als Aggression einer unverständlichen und von ihm als feindlich empfundenen Umwelt. Dies ist auch eine entscheidende Ursache für schulisches Versagen im Sprachunterricht, zumindest ein Grund für den zuweilen uns unverständlichen langen Zeitaufwand, den das Kind zum Erwerb der neuen Sprache benötigt. Verstärkt werden die Schwierigkeiten, wenn sich der deutsche Lehrer vom ausländischen Lehrer, den der Schüler in der Heimat gewohnt war oder von dem er nebenher unterrichtet wird, in seiner Methode und in seinem Erziehungsstil stark unterscheidet oder – was leider immer noch der Fall ist – nicht über das nötige Rüstzeug verfügt, das er benötigt, das Kind in die neue Sprachwelt einzuführen.
Bei all diesen Überlegungen sind wir bisher davon ausgegangen, daß das Kind zwei Sprachen erlernt, zuerst die Muttersprache, dann die Sprache des Aufnahmelandes. Ganz erheblich erschwert wird die Situation immer dann, wenn die ausländischen Kinder gleichzeitig mit *mehreren sprachlichen Systemen* konfrontiert werden. Ich denke dabei nicht an das Ausländerkind, das etwa in Belgien neben Französisch auch Flämisch erlernt, sondern an das Kind, das zu Hause einen Dialekt seiner Heimatsprache spricht, einen Dialekt, den zum Teil nicht einmal der einheimische Lehrer aus der Türkei oder Italien versteht, das auf der Straße in Deutschland die Mundart der Region erworben hat, schwäbisch oder hessisch schwätzt und nun in der Schule die gehobene Umgangssprache erlernen soll; von der Schwierigkeit, die schriftsprachlichen Formen der neuen Sprache sich anzueignen, gar nicht zu sprechen.

Schließlich bleibt noch ein Sprachproblem zu erwähnen, das alle Lehrer kennen, die Gastarbeiterkindern die Landessprache vermitteln, das Auftreten von *Interferenzen*, d.h. daß in dem einen Sprachsystem Begriff und Satzbaustrukturen anderer Sprachen verwendet werden. Diese Wechselwirkungen, Folgeerscheinungen einer nicht klar angelegten zweisprachigen Erziehung, führen dann, wenn dieser Entwicklung nicht begegnet wird, zu einem Überschneiden auf morphologischer, syntaktischer und lexigraphischer Ebene, sowohl im Mündlichen wie im Schriftlichen. Im Extremfall führt dies zu dem so oft zitierten Analphabeten in zwei Sprachen, der keine Sprache beherrscht oder jeweils nur in einer Pidgin-Form. Untersuchungen in einzelnen Ländern ergaben, daß diese Interferenzen immer dann häufiger und vor allem hartnäckiger auftreten, wenn der Schüler die Zweitsprache erlernen mußte, ohne seine Muttersprache zu beherrschen oder wenn er nicht wenigstens die einfachsten grammatikalischen Grundregeln seiner eigenen Sprache kannte. Je besser die Muttersprache beherrscht wird, desto weniger Interferenzen treten beim Erlernen der zweiten Sprache auf.
Neben diesen Voraussetzungen, Alter des Kindes, Grad der Beherrschung der Muttersprache, kommt als dritter Aspekt der *Verwandtschaftsgrad* beider Sprachen, der Muttersprache und der Landessprache. So gibt es zwar in Großbritannien auch Sprachprobleme mit den Ausländerkindern, die aus dem Commonwealth kommen, sie sind aber bei weitem nicht so groß wie etwa die Schwierigkeiten, die türkische Kinder mit der zweiten Sprache haben. Auch die algerischen Kinder, die nach Frankreich kommen, bringen Vorkenntnisse mit, zwar aus einem völlig anderem kulturellen und gesellschaftlichen Milieu; der Sprachunterricht benötigt aber erheblich weniger Zeit. Hier steht die Bundesrepublik mit 90% der im Ausland lebenden Türken und 85% Jugoslawen vor erheblich größeren Problemen. Diese Kinder – wie übrigens auch der Erwachsene – brauchen Zeit, die fremde Sprache zu erlernen, auch wenn er in der ihm mehr oder weniger zugänglichen Umwelt dieses Landes bereits lebt. Man kann nicht die Wochenstundenzahl eines Schülers etwa um das Doppelte erhöhen und erwarten, daß das Kind dann in der Hälfte der Zeit die neue Sprache erlernt. Zum Spracherwerb gehört ja auch die Beherrschung der Schriftsprache. Sie darf im Interesse eines raschen Fortschritts nicht hintangestellt werden. Erst wenn die Kinder auch im Lesen und im schriftlichen Ausdruck sicher sind, haben sie Chancen, im Schulsystem des Gastlandes voranzukommen und zu Schulabschlüssen zu gelangen.
Noch ein Wort zur *Muttersprache* des Kindes. Wir haben es auch mit Kindern zu tun, die ihre Muttersprache in sehr unterschiedlichem Maße kennen. Von den Kindern, die nur mehr Deutsch sprechen und die Sprache ihres Heimatlandes nicht mehr können oder nicht besser als der deutsche

Tourist in der Türkei, ist hier nicht die Rede. Dies sind aber noch lange nicht die Kinder, die hier geboren sind. Ebenso gibt es Kinder, die ihre Muttersprache aufgrund der Intensität und Qualität, mit der die Sprache zu Hause gesprochen wird, oder die in kürzeren oder längeren Abständen zwischendurch im Heimatland leben, voll beherrschen. Die Sprache vieler Familien jedoch, die mehr oder weniger lang von ihrer ursprünglichen Umgebung getrennt leben, ist allmählich verarmt, reduziert auf Bereiche des alltäglichen Lebens. Ihre Infrastruktur ist in jedem Fall ärmer als die des gleichaltrigen Kindes, das im Heimatland aufgewachsen ist.
Der muttersprachliche Unterricht – gleich in welcher Form – hat hier die Aufgabe, die Kenntnisse zu aktivieren und aufzufrischen, den Wortschatz zu erweitern, neue syntaktische Vorgänge müssen bewußt gemacht werden, Das Kind muß auch, so die immer wieder betonten Wünsche der Entsendestaaten, Register seiner Sprache kennen lernen, die er bisher nicht oder nur mangelhaft kannte, insbesondere in der Schriftsprache, nicht zuletzt auch deshalb, um dem Kind die Möglichkeit zu eröffnen, eines Tages mit der Familie oder später als Erwachsener wieder in die Heimat zurückkehren.

3. *Vorschulische Betreuung und Schulbildung*

Lösungswege werden in allen Mitgliedstaaten gesucht für diejenigen Kinder, die wegen ihrer Sprachprobleme und aufgrund ihres Bildungsdefizits die in den einzelnen Bildungssystemen bestehenden Unterrichtseinrichtungen nicht mit Erfolg besuchen können. Dies dürften nach Schätzungen immerhin 2/3 der Ausländerkinder sein. Dabei ist es nicht erforderlich zu unterscheiden zwischen Kindern der 2. oder 3. Generation; denn es hat sich herausgestellt, daß auch Kinder, deren Eltern schon längere Zeit in Deutschland leben oder deren Eltern sogar schon als Jugendliche nach Deutschland gekommen sind, noch erheblicher Förderung – und zwar in beiden Sprachen – bedürfen, um einen qualifizierenden Schulabschluß zu erreichen.

Die vorschulische Betreuung

Wie schon dargestellt, wäre das Alter von 3 – 6 Jahren der ideale Zeitraum, eine zweite Sprache zu erlernen. Erfahrungen mit ausländischen Kindern in Kindergärten zeigen, daß sie erstaunlich rasche Fortschritte beim Sprechen machen, vorausgesetzt allerdings, daß sie regelmäßig und unter günstigen Voraussetzungen vorschulische Einrichtungen besuchen. Wesentlich hängt der Erfolg vom Grad der Aufgeschlossenheit der Eltern gegenüber der vorschulischen Erziehung ab: Kinder, deren Mütter nicht berufstätig sind, haben es leichter als Kinder, in denen beide Elternteile tagsüber arbeiten; sie haben es noch leichter, wenn sich ihre Eltern, ganz besonders die Mütter, ihrer neuen Umwelt aufgeschlossen verhalten. Hier haben es zum Beispiel italienische, spanische oder jugoslawische Kinder wesentlich leichter als türkische Kinder, deren Mütter nicht aus der häuslichen Wohnung herauskommen. (Der Stellenwert, den ausländische Eltern der Erziehung von Mädchen beimessen, insbesondere konservative türkische Familien, wäre eine eigene Betrachtung wert.) Ferner: Je leichter und strukturierter die vom Kind gesprochene Sprache ist, desto eher findet es sich in der neuen Sprache zurecht. Leider entspricht die häusliche Familiensprache vieler Ausländerfamilien nicht dem zu wünschenden Standard. Dies gilt auch für die Deutschkenntnisse, die die Kinder mitbringen. Hier ist oft nicht viel zu erwarten, wenn die Kentnisse ausschließlich aus dem deutschen Sprachschatz der Ausländerfamilie stammen; viele Eltern sprechen oft ein Kauderwelsch, das sich auf die Bedürfnisse der simpelsten Kommunikationen beschränkt. Besser haben es die Kinder, wenn sie Geschwister haben, die bereits in Schulen Deutschunterricht erhalten und natürlich, wenn sie Kontakte zu deutschen Kindern haben.

Einer der Hauptgründe aber, warum die Quote ausländischer Kinder in vorschulischen Einrichtungen noch sehr niedrig ist, ist die Abneigung ausländischer Eltern, ihre Kinder – meistens ganztägig – in deutsche Kindergärten zu schicken. Das Kind, so die Vorstellungen der Eltern, das sein junges Leben vom 3. bis zum 6. Lebensjahr im Kindergarten oder Kinderhort verbringt, wird der Familie entfremdet. Hier tut Aufklärung der ausländischen Eltern not. In Belgien hat man Erfolge erzielt, indem Sozialbetreuerinnen systematisch von Wohnung zu Wohnung gegangen sind und mit den Eltern gesprochen haben, sich darüber hinaus in regelmäßigen Veranstaltungen bemüht haben, die ausländischen Eltern eingehend zu informieren.

Diese Sorge vor der Entfremdung verschwindet nach den Erfahrungen, die man in der Bundesrepublik gemacht hat, wenn die Kinder neben der deutschen Erzieherin auch von einer Erzieherin aus dem Heimatland betreut werden, die das Kind versteht und ihm Sicherheit vermittelt. Dabei muß die Muttersprache nur gelegentlich präsent sein, etwa an einigen Spielstunden am Nachmittag; die Erfahrungen in den Modellkindergärten in München haben gezeigt, daß auf diese Weise beide Forderungen erfüllt werden können: Weiterentwicklung der Muttersprache und gleichzeitig durch spielendes Erlernen des Deutschen Eingliederung in den deutschen Sprachraum. (Modellversuche in München: Kindergartengruppen, davon ½ oder ⅓ ausländische Kinder einer Sprache.) Leider verhindert die Schwierigkeit, geeignete ausländische Erzieherinnen zu finden, einen weiteren Ausbau solcher Kindergärten. Insbesondere türkische Erzieherinnen fehlen. Ferner erschwert die unterschiedliche Wohnlage der Kinder die Einrichtung solcher zweisprachiger Kindergärten. Das wird hier in Berlin nicht anders sein als in Paris oder in München. Es gibt zwar aufgrund des Geburtenrückgangs bei den einheimischen Kindern aufnahmefähige Kindergärten, aber eben nicht in den Wohngegenden, in denen ausländische Kinder verstärkt – zumindest auf dem Papier – in solche Kindergärten gehen.

Die Schulbildung

Lassen wir die Kinder außer Betracht, die mit Erfolg 2 oder 3 Jahre Kindergärten besucht haben oder die Landessprache anderweitig erlernt haben und keinerlei Schwierigkeiten haben, mit den einheimischen Kindern eingeschult zu werden. Problematisch sind die Kinder, die in die Schule ohne oder mit wenig Kenntnissen in der Landessprache eintreten sowie die Kinder, die im Alter bis zu 16 Jahren aus dem Heimatland kommen und nicht nur Sprachschwierigkeiten haben, sondern deren Schulbildung sich unter Bedingungen vollzieht, wie sie einheimische Kinder nicht kennen und wie es sie im europäischen Bildungssystem bisher auch kaum gegeben hat:

- Ausländische Kinder sind durch die Zweisprachigkeit doppelt belastet.
- Die Unsicherheit über die Dauer des Aufenthalts und mittelfristige Rückkehrwünsche vermindern die Motivation für eine Verbesserung der sprachlichen Kompetenz.
- Ihre schulische Vorbildung aus dem Heimatland ist sehr uneinheitlich.
- Ausländische Kinder kommen nicht zu Beginn eines Schuljahres, sondern sehr oft laufend während eines Schuljahres, für kürzere oder längere Zeit kehren sie mitunter auch wieder in ihre Heimat zurück.
- Die veränderte Familienstruktur im Aufnahmeland belastet sie psychisch und physisch.
- Die soziale Außenseiterrolle bewirkt Verhaltens- und Lernstörungen, ebenso schlechte Wohnverhältnisse.
- Eine Förderung des Kindes durch ihre Eltern scheitert von deren Vorbildung her.
- Die ausländischen Lehrer sind auf die besonderen Bedingungen des Unterrichts im Aufnahmeland nur ungenügend vorbereitet.
- Ausländergerechte Klassen und Gruppen können außerhalb der Ballungsgebiete nur selten eingerichtet werden.

Ein ideales Aufnahmesystem für diese Kinder, wie sich dies die EG und der Europarat vor einem Jahrzehnt vorgestellt haben, das den vielseitigen Bedürfnissen der Kinder und den einzelnen Schulsystemen in Europa gerecht wird, gibt es nicht und wird es nicht geben. Dazu sind die Anforderungen, die an die Kinder gestellt werden müssen, zu verschieden. Das hat sich besonders gezeigt an den sogenannten Vorbereitungsklassen, in denen die Kinder überwiegend Unterricht in der Sprache des Aufnahmelandes erhalten und dadurch in die Lage hätten versetzt werden sollten, in einem Jahr, wenn möglich schon in einem halben Jahr, in die Regelklassen des Aufnahmelandes eingegliedert werden zu können. Diese Erwartungen haben getrogen. In den vergangenen 10 Jahren hat man daher immer wieder neue Lösungswege gesucht, den ausländischen Kindern die Sprache des Aufnahmelandes zu vermitteln. Dabei richtet man sich heute innerhalb der Europäischen Gemeinschaften im wesentlichen nach zwei Vorgaben:

1. Die Sprache des Entsendelandes und die des Aufnahmelandes sind verwandt.

2. Die ausländischen Kinder am Schulort sind zahlreich oder nur in geringer Zahl vorhanden.

Zu 1.:
Sind die Sprachen verwandt, z.B. bei Italienern, Spaniern, Portugiesen, die in Frankreich leben, so genügen tatsächlich oft nur 6 Monate oder ein Jahr, um die Kinder über eine sog. Aufnahmeklasse in das Regelschulsystem einzugliedern. Sind die Sprachen nicht verwandt, z.B. Italiener in den Niederlanden, Jugoslawen in Deutschland, Türken in Belgien, ist man in allen Ländern zu der Auffassung gelangt, daß ein Schuljahr nicht ausreicht, das Ausländerkind so zu fördern, daß es zusammen mit den einheimischen Kindern die übrigen Klassen durchlaufen kann. Nicht nur in der Bundesrepublik, auch in den Niederlanden, in Belgien und Frankreich hat sich die Erkenntnis durchgesetzt, daß in der Regel vier Jahre Unterricht in der Zweitsprache erforderlich sind, um ohne Schwierigkeiten in die Normalklasse einer Schule des Aufnahmelandes übertreten zu können.

Zu 2.:
Leben in Ballungsgebieten, in Großstädten, Ausländerkinder einer ethnischen Gruppe in größerer Zahl, können ohne weiteres spezielle Klassen für sie gebildet werden, seien es Aufnahmeklassen von kürzerer Dauer oder Klassen, in denen die Kinder über mehrere Jahre hinweg zusammengefaßt sind. Gemeinsam ist beiden, daß die Kinder einer Sprachzugehörigkeit nach ihrem Alter oder ihren Sprachkenntnissen zusammengefaßt sind, daß sie intensiv die Sprache des Gastlandes vermittelt bekommen, in bestimmten

Fächern auch in ihrer Muttersprache durch Lehrer ihres Heimatlandes unterrichtet werden, in den einzelnen Ländern in unterschiedlichem Umfang. Leben so wenig Kinder in einer Region, daß die Bildung einer eigenen Klasse nicht zustande kommt, bleibt nur die Bildung einer Aufnahmeklasse mit Kindern unterschiedlicher Nationalität, in denen nur einheimische Lehrer tätig sind, oder die Einrichtung von besonderen Kursen bei gleichzeitiger unmittelbarer Aufnahme in die deutsche Klasse. Diese Maßnahmen haben jedoch nur Erfolg, wenn es sich um einzelne Kinder je Klasse handelt, wie überhaupt die Erfahrung zeigt, daß es an Orten mit wenigen Ausländern kaum Schwierigkeiten gibt. Die Integration einiger weniger Ausländerkinder an einer Schule ist noch immer problemlos verlaufen.
Schließlich gehört zur Schulbildung der ausländischen Kinder neben der Vermittlung der deutschen Sprache und der deutschsprachigen Vermittlung von Lerninhalten auch *die Pflege der heimatlichen Sprache und Kultur* entweder im Unterricht in den Kulturfächern der vorher erwähnten speziellen Klassen oder in Form des sog. Ergänzungsunterrichts. Die Gründe, die zugunsten der heimatlichen Sprache und Kultur sprechen, sind allgemein bekannt: Die bessere psychische und intellektuelle Entwicklung des Kindes, die Bewahrung der erzieherischen Rolle durch die Familie, die Möglichkeit der Reintegration in das Schulsystem, in das gesellschaftliche und wirtschaftliche Leben des Herkunftslandes, auch die kulturelle Bereicherung des Einzelnen und des Schulmilieus. Der Schüler soll das Rüstzeug erhalten, zu einer neuen Identität zu finden und in die Lage versetzt werden, beide Kulturen, denen er gegenübersteht, zu vergleichen und möglicherweise zur einen wie zur anderen einen gewissen kritischen Abstand zu wahren. Es muß nicht so sein, wie Herr Flößner, der Leiter der Gesamtschule Britz-Buckow-Rundow in Berlin es kürzlich ausgedrückt hat: Daß Lehrer, die für den Unterricht ausländischer Kinder nicht ausgebildet worden sind, die Integration schlicht dadurch realisieren, daß sie die Kinder aus der Anatolischen Hochebene einfach so behandeln, als seien es keine Kinder aus der Türkei, die etwa mit den Regeln des Koran zu leben gelernt haben, um nun mit ihnen die Dehnung durch Vokalverdoppelung, die Kürzung durch Konsonantenverdoppelung zu üben, sie in sexueller Aufklärung freimütig zu unterweisen und ihnen die Metternich'sche Politik des Gleichgewichts nahezubringen; das wäre, ich zitiere, »Hochmut, missionarische Arroganz, die hinter einer solchen entfremdenden Quälerei steckt und die diesen wehrlosen Geschöpfen beides entzieht, die Rückkehr in den angestammten Kulturkreis ebenso wie die Verschmelzung mit dem Gastland«.
Die Meinung der Vertreter der Entsendeländer ist eindeutig. Ihrer Auffassung nach muß dieser Unterricht in der Sprache und Kultur ihres Landes

während der normalen Unterrichtszeit abgehalten werden. Griechenland, Jugoslawien, inzwischen die Türkei, möchten den Ergänzungsunterricht zur Pflichtveranstaltung für ihre Kinder werden lassen.
In den Ländern der Bundesrepublik ist die Verantwortlichkeit für diesen Ergänzungsunterricht unterschiedlich geregelt. Zur Pflicht gemacht ist er nur in Hessen, mehrere Bundesländer üben allerdings, wenn er stattfindet, auch die Schulaufsicht über diesen Unterricht aus, er steht dann in der Verantwortlichkeit der Kultusverwaltungen; in anderen Ländern, so auch in Berlin, steht er außerhalb der Schulaufsicht der Schulbehörde. In Belgien findet er fast ausschließlich in den Abendstunden statt, die meisten übrigen Staaten erproben gegenwärtig ein System mit 5 Wochenstunden, teilweise innerhalb der Unterrichtszeit am Vormittag.
Inzwischen laufen in allen Staaten Bestrebungen, die Muttersprache der Schüler im Sekundarbereich als erste Fremdsprache anzuerkennen. So in der Bundesrepublik u. a. in Bayern, in Nordrhein-Westfalen; in Frankreich und in den Niederlanden werden gegenwärtig entsprechende Überlegungen angestellt.
Dies veranlaßt mich, noch kurz einzugehen auf zwei weiterführende Schulbereiche: *Gymnasien oder Realschulen* und Berufsschulen. Für die in allen Ländern der EG bestehenden Probleme, mehr Schülern den Weg zu qualifizierenden Abschlüssen zu eröffnen, gibt es nur sehr wenig Lösungsversuche. Natürlich gibt es eine Reihe von Gründen für die in allen Ländern relativ niedrige Übertrittsquote ausländischer Schüler in Gymnasien und Realschulen, die nicht nur in der Vorbildung des Kindes im Aufnahmeland liegen, sondern auch in der schulischen Bildung, die es aus dem Heimatland mitbringt, in der Familie des Kindes, in seiner sozialen Umwelt, in der Erwartungshaltung im Aufnahmeland und vieles andere mehr.
Erste Versuche mit Eingangsklassen an Gymnasien in Bayern und Nordrhein-Westfalen in sprachlich homogener Zusammensetzung, in denen als erste Fremdsprache die Muttersprache angeboten wird, zweite Fremdsprache ist Englisch, zeigten Erfolg, zumindest in der Weise, daß die Bereitschaft der Eltern, ihre Kinder in solche Klassen zu schicken, ungleich höher war als früher, als es für sie nur den Weg der Aufnahme in eine deutsche Regelklasse mit der üblichen Fremdsprachenfolge gab.
Weitere Eingangsklassen gibt es in *Realschulen*, in denen die Schüler in Deutsch und Englisch zusätzlich gefördert werden mit dem Ziel, den Übergang in die 8. oder ein Jahr später in die 9. Jahrgangsstufe der Realschule zu ermöglichen. Im Wahlbereich besteht die Möglichkeit zusätzlichen Unterrichts in der Sprache des Heimatlandes.
Das Problem im *Berufsschulbereich* ist noch vielschichtiger, Lösungen sind

erheblich schwerer zu finden. Neben der unterschiedlichen Vorbildung der Jugendlichen, die sie aus den Entsendeländern mitbringen, spielt vor allem die Aufenthaltsdauer im Aufnahmeland eine entscheidende Rolle, ebenso wie die arbeitsrechtlichen Vorgaben hinsichtlich der Arbeitserlaubnis.
Im wesentlichen haben wir es in allen EG-Staaten mit drei Gruppen zu tun. Die erste Gruppe besteht aus den Jugendlichen, die im Aufnahmeland geboren und aufgewachsen sind, die Grund- und Hauptschule regelmäßig durchlaufen haben; diese Jugendlichen unterliegen auch keinen aufenthalts- und arbeitsrechtlichen Beschränkungen; bei ihnen treten Probleme beim Übertritt in berufliche Schulen kaum auf.
Die zweite Gruppe setzt sich aus denjenigen zusammen, die während ihrer 9-jährigen allgemeinen Schulpflicht ins Aufnahmeland gekommen sind. Hier gibt es nicht nur Defizite in der Vorbildung: Je kürzer ihre Anwesenheit und folglich ihre Fördermöglichkeit in den öffentlichen Schulen ist, um so problematischer der Übergang ins Berufsleben. Die mangelnden Sprach- und Bildungsvoraussetzungen verhindern ein Eingehen eines Ausbildungsverhältnisses. Vor allem diese Jugendlichen gehören zu der Zahl der Schüler, die die Hauptschule ohne Abschluß verlassen. Besondere Angebote zusätzlichen Deutschunterrichts werden nur von einem Teil der Jugendlichen wahrgenommen, bei vielen liegt das Hauptaugenmerk darauf, rasch Geld für sich oder die Familie zu verdienen. Die Bedeutung einer Qualifikation in der Hauptschule für einen späteren beruflichen Bildungsweg wird oft nicht erkannt. So wird die Möglichkeit, die Schulzeit um zwei Jahre zu verlängern, nur selten wahrgenommen. Diese Gruppe ist die derzeit zahlenmäßig stärkste, zumal Schulleitungen berichten, daß seit etwa 2 Jahren der Zuzug von Jugendlichen in diesem Alter eher zunimmt.
Die gleichen Probleme hat natürlich die dritte Gruppe, Jugendliche, die erst nach dem Ende der allgemeinen Schulpflicht anreisen und sich eigentlich schon im erwerbsfähigen Alter befinden. Die Jugendlichen haben nur minimale Chancen, einen Ausbildungs- oder einen Arbeitsplatz zu erhalten, und zwar sowohl aufgrund ihres Sprach- und Bildungsdefizits als auch – in der Bundesrepublik – wegen der durch den seit Jahren geltenden Anwerbestopp bedingten Verweigerung der Arbeitserlaubnis[1]. Vielfältige Maßnahmen zur Information und zur Beratung der Eltern und der Jugendlichen selbst haben sich bisher als wirkungslos erwiesen. Viele ausländische Eltern sehen in einem berufsschulpflichtigen Kind in erster Linie eine Erwerbsperson und sind Bildungsfragen in ihrer langfristigen Wirkung gegenüber nicht aufgeschlos-

1 für eine weitgehende Liberalisierung spricht sich der Kühn-Bericht und der Koordinierungskreis »Ausländische Arbeitnehmer« beim Bundesminister für Arbeit und Sozialordnung aus; vgl. o. S. 14.

sen. Auch wegen der Unsicherheit über die Dauer ihres Aufenthalts entscheiden sie sich in der Regel für kurzfristige und materielle Möglichkeiten. So befinden sich in den angebotenen Vollzeiteinrichtungen zum Erlernen der Landessprache nur wenige Schüler, auch für besondere Formen des Berufsgrundschuljahres, die etwa in München für eine geschätzte Zahl von 6-8 Klassen geplant wurden. Es meldeten sich dann zu Beginn eines Schuljahres so viele Schüler an, daß gerade noch zwei Klassen gebildet werden können.
Von den Modellversuchen im Berufsschulbereich seien zwei erwähnt. Ein Versuch in Bayern strebt folgende Ziele an: In einem Vollzeitschuljahr soll ausländischen Jugendlichen in einem Berufsfeld eine Berufsgrundbildung vermittelt werden. Gleichzeitig sollen die deutschen Sprachkenntnisse, aber auch die muttersprachlichen gefördert werden, letztere vor allem im fachsprachlichen Bereich. Nach Abschluß des Jahres sollen die Schüler befähigt sein, ein Berufsausbildungsverhältnis eingehen zu können, mit dem Ziel eines Berufsabschlusses, den der Jugendliche mit der vermittelten Ausbildung sowohl im Aufnahmeland wie im Heimatland verwerten kann.
In Frankreich sind Sonderklassen geplant – vermutlich inzwischen schon eingerichtet –, in denen 15- bis 16jährigen Jugendlichen neben einer allgemeinen praktischen Ausbildung ein weites Spektrum beruflicher Tätigkeit angeboten wird, z.B. Metallverarbeitung, Holzverarbeitung, Mechanik, Bauwesen. Daneben wird »entsprechend den Bedürfnissen des Jugendlichen«, Unterricht in der französischen Sprache erteilt. Wenn der Schüler dieses Klassenziel nicht erreicht, kann er die Klasse wiederholen oder in eine zusätzliche Sonderklasse gehen, die nur auf einen einzigen Beruf vorbereitet.

4. *Modellversuche in den einzelnen Aufnahmeländern*

Ich beginne mit der Bundesrepublik. In Bayern und Nordrhein-Westfalen wird versucht, Kinder derselben ethnischen Gruppe, sofern sie in ausreichender Zahl vorhanden sind, bikulturell zu erziehen. Erstmals in Bayern hat man 1973 mit einer zweisprachigen Erziehung – inzwischen auch im Kindergarten – begonnen, in den folgenden Jahren die Unterrichtsangebote modifiziert und dabei ein flexibles Modell des Spracherwerbs entwickelt, das die Kinder zur Kommunikation in zwei Sprachen befähigen soll und sie ohne Zeitverlust im Aufnahmeland oder im Heimatland zu einem erfolgreichen Schulabschluß gelangen läßt. In besonderen Klassen wird der Muttersprache zunächst die Stelle der Erstsprache, dem Deutschen die Stelle der Zweitsprache eingeräumt. In den ersten beiden Schuljahren ist die Unterrichtssprache im wesentlichen die Muttersprache des Kindes, daneben erhalten die Kinder intensiven Deutschunterricht, zunächst vor allem im mündlichen Bereich.

Die Schule knüpft an die Sprache des Elternhauses an und mutet dem Kind einen Wechsel der Unterrichtssprache erst in einem Alter zu, in dem seine Muttersprache gefestigt und entwickelt ist und die deutschen Sprachkenntnisse ausreichen, einem deutschsprachigen Unterricht zu folgen. Nach diesem Zeitpunkt, etwa nach 3–4 Jahren, können die Eltern entscheiden, ob ihr Kind in solchen zweisprachigen Klassen verbleiben soll oder ob es in die deutsche Normalklasse überwechseln soll. Aber auch wenn die Eltern letzteres nicht wünschen, etwa weil das Kind – was häufig der Fall ist – seine Klassengemeinschaft nicht verlassen will und das Kind die zweisprachigen Klassen alle neun Schuljahre besucht, besitzt es durch den von Jahr zu Jahr größeren Anteil des deutschsprachigen Unterrichts (er wird dann proportional entgegengesetzt zum Anteil in den ersten Grundschulklassen bis zu 75% der Unterrichtszeit betragen), die Grundlagen für einen deutschen Schulabschluß und damit die Voraussetzung für den Besuch beruflicher Schulen. Gemeinsamer Unterricht mit deutschen Kindern soll in den technisch musischen Fächern, insbesondere im Sport, stattfinden.
Ähnlich strukturiert sind die bilingualen Klassen in *Nordrhein-Westfalen*, das Verhältnis Muttersprache und deutsche Sprache unterscheidet sich in einigen Fächern und Klassenstufen. Gleiches gilt für die Klassen an Grundschulen in *Baden-Württemberg* und in *Hamburg*. Seit diesem Jahr bestehen bilinguale Klassen auch in Hessen, die in der homogenen Zusammensetzung bis zum Schulabschluß weitergeführt werden können, sowie zweisprachige Klassen in *Niedersachsen*.
Gleichgültig wie in den einzelnen Ländern die Ziele gesteckt sind, gemeinsam ist allen das Anliegen, daß der zweisprachige Unterricht, Lehrplan und Stundenplan die Kinder nicht überfordern; jede der beiden Unterrichtssprachen hat ihre eigene Funktion. Während die Kinder sich die deutsche Sprache voll aneignen, lernen sie in der Muttersprache die Lerninhalte in den festgelegten Fächern und sollen dadurch trotz der Belastung durch den Deutschunterricht das jeweilige Klassenziel ebenso erreichen wie ihre deutschen Mitschüler in der Parallelklassen. Voraussetzung hierfür ist selbstverständlich, daß sowohl der Unterricht in der Muttersprache wie auch der Deutschunterricht von qualifizierten Lehrern erteilt wird. Hier bedarf es der aktiven Mitarbeit der Entsendeländer, didaktisches Material muß bereitgestellt sein, einschließlich der Schulbücher. Die ausländischen Lehrer müssen die Lehrplananforderungen erfüllen, die deutschen Lehrer müssen die Garantie bieten, daß die Kinder in der vorgegebenen Zeit auch die deutsche Sprache erlernen. (Die in manchen Ländern in der Bundesrepublik, aber auch in einigen Schulen in anderen europäischen Staaten, geübte Praxis, daß ausländische Lehrer die Sprache des Gastlandes unterrichten, ist abzulehnen.

Dies mag organisatorisch und hinsichtlich der personellen Versorgung eine bequeme Lösung sein, dient den Kindern bei ihrem Weiterkommen in der Zweitsprache nur sehr wenig.)
Zu den Modellversuchen in den übrigen EG-Staaten: In Großbritannien in *Bradford* und in Belgien in *Brüssel* gibt es Schulberufsberatungszentren. In Bradford werden 10 000 Kinder betreut, zu dem normalen Lehrpersonal kommen zusätzlich 200 Fachlehrkräfte, die sich ganz speziell mit der Eingliederung der Kinder in die englische Umwelt befassen und in Zusammenarbeit mit den Beratungsstellen bei der Wahl der Ausbildung und bei der Vermittlung eines entsprechenden Ausbildungsplatzes behilflich sind. Die Beratungsstellen in Brüssel arbeiten unabhängig von der Schule, dienen ausschließlich der Berufsberatung ausländischer Jugendlicher.
In *Paris* sind 19 Modellklassen eingerichtet, in denen französiche und ausländische Lehrer gemeinsam unterrichten. In Klassen mit 15 Schülern werden in der Woche 3 Stunden in der Muttersprache unterrichtet, Ziel ist, so wörtlich, »den Kindern bessere Chancen für die schulische Wiedereingliederung bei der Rückkehr in die Heimat zu eröffnen, ferner den Kontakt zur Familie zu intensivieren.« Gleichzeitig soll in den übrigen französischen Klassen der Schule Schülern, Eltern und Lehrern die Anwesenheit ausländischer Schüler systematisch bewußt gemacht werden. Nach kurzer Versuchszeit sprachen sich von den französischen Lehrern, die dem Projekt zuerst sehr ablehnend gegenüberstanden, 90% für eine Beibehaltung des muttersprachlichen Unterrichts aus und forderten eine Ausdehnung auch auf den Sekundarbereich. Bedenken der Eltern französischer Kinder wurden immer dann laut, wenn der bikulturelle Unterricht Änderungen des Schulbetriebs und des Stundenplans erforderlich machten.
Ein weiterer EG-Modellversuch findet in *Leyden* in den Niederlanden statt. Dort werden ausländische Kinder zu Beginn ihrer Schulzeit ein Jahr lang fast ausschließlich von einem ausländischen Lehrer betreut, allmählich beginnt man mit geringer Stundenzahl Unterricht in Holländisch, der im Laufe von zwei Jahren zunimmt und im 2. und 3. Jahr auf bis zu 50% des Unterrichts anwächst. Im ersten Jahr beträgt die Klassenhöchststärke 15 Schüler, der Unterricht wird in 3 Leistungsgruppen mit Kindern aus 3 Klassen erteilt.
In Belgien haben Untersuchungen, die vor Beginn der Versuche in der Provinz Limburg durchgeführt worden waren, ergeben, daß ausländische Kinder in der 2. Jahrgangsstufe gegenüber belgischen Kindern einen Rückstand bis zu 12 Monaten, ausländische Schüler nach 6 Lernjahren des Leistungsstand der 3./4. Grundschulklasse aufwiesen. Den Ergänzungsunterricht in der Muttersprache besuchen ausländische Kinder, da Ganztagsunterricht (bis nachmittags 16 Uhr) stattfindet, abends von 18.00–20.00 Uhr.

Bei den Modellversuchen an Grundschulen in *Genk bei Hasselt* (Provinz Limburg) sind ausländische Kinder möglichst einer Nationalität in belgische Klassen integriert. Voraussetzung ist, daß sie einen Kindergarten besucht haben, in dem mit ihnen Flämisch gesprochen wurde und besondere Stunden für den Spracherwerb angesetzt waren. Der Versuch beschränkt sich zunächst nur auf die 1. und 2. Grundschulklasse, jede Klasse mit einer Höchststärke von 15 Schülern. Das Verhältnis ausländischer Schüler : belgischen Schülern betrug etwa 1 : 1. Die ausländischen Kinder erhalten zuzammen mit den belgischen Kindern intensiven Unterricht in Flämisch, dazu vier Wochenstunden in ihrer Muttersprache, in denen die in der Woche in Flämisch behandelten Themen aus dem Sachunterricht und im Rechnen nachbehandelt werden. In dieser Zeit erhalten die belgischen Schüler Zusatzunterricht in Flämisch. Wöchentlich finden umfangreiche Arbeitsbesprechungen zwischen belgischen und ausländischen Lehrern statt. Die Versuche werden in enger Zusammenarbeit mit Sozialbetreuern durchgeführt, die regelmäßige Gespräche und Veranstaltungen mit den ausländischen Eltern durchführen. Der Versuch soll auf alle Klassen der Grundschule ausgedehnt werden. Die schriftliche Beherrschung der Landessprache wird zu einem relativ späten Zeitpunkt angesetzt. Nicht nur die ausländischen Kinder zeigen bessere Leistungen, auch die Leistungen der belgischen Kinder waren angestiegen (Lernzuwachs durch langsames Vorgehen des Lehrers, durch Erklärungen und Wiederholungen, Partnerarbeit der Schüler untereinander), ein Ergebnis, das die anfängliche Skepsis der belgischen Eltern verschwinden ließ. Schlußfolgerung: Durch die Integration des muttersprachlichen Unterrichts in den Stundenplan sind die Kinder erheblich entlastet, und was nicht anders zu erwarten ist: Der verstärkte Einsatz der belgischen Lehrer, der zusätzliche Einsatz der ausländischen Lehrer, die gemeinsame Koordinierung, die Mithilfe der sozialen Betreuer und die kleinen Klassen führten zu einem erheblichen Lernerfolg bei den ausländischen Schülern.
In Großbritannien werden in *Bedford* italienische Schulanfänger zunächst ausschließlich in der Muttersprache unterrichtet, später erhalten sie 5 Wochenstunden Ergänzungsunterricht in Italienisch, daneben intensiven Unterricht »in der englischen Verkehrssprache«. Weiter heißt es wörtlich »das Kind muß in seiner Muttersprache lesen und schreiben lernen und sich mit Leichtigkeit in seiner Kulturgemeinschaft bewegen können«, dies beeinflußt auch seinen Ausbildungserfolg. Ziele seien das Erlernen der englischen Sprache, »wobei nicht zu Anfang akademisches Niveau anzustreben ist« und bessere Möglichkeiten für die Wiedereingliederung im Heimatland. Weitere EG-Modellversuche sind bis 1980 in *Dänemark*, in *Großbritannien* und in der *Bundesrepublik Deutschland* vorgesehen.

Schließlich gehört auch die bereits angesprochene Aufgabe der EG-Staaten, die *Qualifizierung ihrer Lehrer* zu den von der EG veranlaßten Modellversuchen hierher; so eine Studie in Paris in Zusammenarbeit mit dem französischen Erziehungsministerium und dem Forschungszentrum CREDIF. Auf diesem Gebiet stecken die Bemühungen aller Länder in den Anfängen. Es ist höchste Zeit, an eine sinnvolle Ausbildung der Lehrer zu denken, die sich der Aufgabe, andersssprechenden Kindern die Sprache des Gastlandes zu vermitteln, in zunehmendem Maße unterziehen werden müssen. In diesem Jahr sind die ersten Ausbildungsgänge in Bremen, in Rheinland-Pfalz (Landau), in Südwürttemberg (Weingarten) und in Kiel angelaufen. In Bayern ist ein Erweiterungsstudium »Deutsch als Zweitsprache für künftige Grund- und Hauptschullehrer« geplant, sowie ein Aufbaustudium für Lehrer, die bereits ein staatliches Examen absolviert haben (Inhalte: Sprachstudium des Türkischen, Griechischen, Serbokratischen oder Italienischen, fachwissenschaftliche und fachdidaktische Aspekte von Deutsch als Zweitsprache und ihre Umsetzung).
Aber auch Modelle für die Ausbildung, besser *Weiterbildung, der ausländischen Lehrer* sind angelaufen. Ein Unternehmen, das natürlich großen Anklang bei den Entsendeländern und ihren Schulbehörden findet, so z.B. in Italien, Griechenland und in der Türkei. Ausbildungsgänge bis zu einem Zeitraum von zwei Jahren haben in Baden-Württemberg für griechische Lehrer, in Nordrhein-Westfalen für italienische Lehrer begonnen. In Bayern sind Lehrgänge zur Didaktik und Methodik für griechische und italienische Lehrer in Vorbereitung. In einem Gespräch, das ich mit dem türkischen Erziehungsminister führen konnte, erklärte dieser, daß neben der Sorge um die vorschulische Erziehung der türkischen Kinder und um die berufliche Qualifizierung der Jugendlichen für die Türkei die Verbesserung der Qualifikation türkischer Lehrer Priorität habe, alles andere sei zweitrangig. Natürlich gibt es keinen Zweifel, daß solche Weiterbildungsveranstaltungen sehr kostenintensiv sind und auch eine Frage der Rentabilität sind, wenn man das Verhältnis der Kosten zur Dauer der Tätigkeit ausländischer Lehrer überdenkt.
Im Zusammenhang hiermit sind auch die 1979 vorgesehenen EG-Modelle zu sehen, die sich mit der *Entwicklung von Lehrplänen* befassen, einmal hinsichtlich der Einbeziehung des Unterrichts in Sprache und Kultur des Heimatlandes in den für die Jahrgangsstufe vorgesehenen Lehrplan des Gastlandes, zum anderen zur curricularen Aufbereitung der Lerninhalte und Lernschritte bei der Vermittlung der Landessprache. (Ein Lehrplan, der Grund- und Aufbaukurs sowie Lerninhalte und Lernziele für einen weiterführenden Deutschunterricht für alle Jahrgangsstufen der Grund- und Hauptschulen

umfaßt, wurde in Bayern 1978 veröffentlicht. Lehrpläne für den Unterricht in den Fächern, der in der Muttersprache erteilt wird, werden gegenwärtig erarbeitet.)
Alle EG-Modelle werden von der Forschungsstelle ALFA an der Universität Essen und an der Pädagogischen Hochschule Köln-Neuss ausgewertet und die Ergebnisse den Mitgliedsstaaten übermittelt. Schon jetzt läßt sich jedoch ersehen, daß die Zusammenarbeit der Staatlichen Schulbehörden, Hochschulen und Instituten innerhalb der EG sehr wesentliche Anregungen vermittelt hat, die zu einer Modifizierung der Modelle in den Ländern und zu einer Verbesserung von Unterrichtsformen für ausländische Kinder führen können und bereits geführt haben. Es gibt keinen Zweifel: Die Schulbildung der ausländischen Kinder ist kein nationales Problem des jeweiligen Aufnahmelandes mehr, sondern ein internationales, das auch in seiner europäischen Dimension erkannt und gelöst werden muß.
Die Probleme werden letztlich nicht vollkommen zu lösen sein, dies gilt zwar für alle Bildungsfragen, in diesem relativ neuen Bereich ganz besonders. Hindernisse organisatorischer Art, Erschwernisse, die in der Person des ausländischen Schülers selbst, auch in der Person des ausländischen und des einheimischen Lehrers liegen sowie in der öffentlichen Meinung begründet sind, müssen Stück für Stück abgetragen werden. Dies beginnt mit einer Verstärkung des Angebots im vorschulischen Bereich, mit der Beratung ausländischer Eltern über die Aufgaben des Kindergartens und der Schule (Erhöhung der Bildungsbereitschaft). Es bedarf der Verbesserung der personalen und sachlichen Ausstattung im Grund- und Hauptschulbereich mit dem Ziel, die Hauptschulabschlußquoten zu erhöhen, ferner des Ausbaus der Einrichtungen für berufsschulpflichtige Schüler und verstärkter Förderung begabter Schüler an Realschulen und Gymnasien. Hinzu kommen müssen entsprechende Studiengänge im Rahmen der Ausbildung der Lehrer des Aufnahmelandes, effiziente Fortbildungsangebote für deutsche und ausländische Lehrer bis hin zur Entwicklung von Lehr- und Lernmitteln für diesen speziellen Aufgabenbereich. Hierzu gehört in einem enger zusammenwachsenden Europa nicht zuletzt auch eine verstärkte Kooperation zwischen deutschen und ausländischen Lehrern, zwischen deutschen und ausländischen Eltern. Es gibt viel zu tun.
Die Schule kann das Problem allein nicht bewältigen. Voraussetzung für eine Verbesserung auf lange Sicht ist auch die Förderung der Bereitschaft der Eltern im Gastland, der Behörden, der Mitbürger, sich mit der Problematik der Zweisprachigkeit und mit der sozialen Situation ausländischer Kinder auseinanderzusetzen und die Folgen ihrer Anwesenheit endlich zu akzeptieren.

Prof. Dr. *Hermann Müller*

Zukunftschancen der Kinder ausländischer Arbeitnehmer

Das Interesse an der Zukunft der Kinder ausländischer Arbeiterfamilien in der Bundesrepublik tritt in dem Maße hervor, in dem deutlich wird, daß sich die Zukunft dieser Kinder in diesem Lande entscheidet und für die große Mehrheit von ihnen auch hier vollziehen wird. Das geschieht in einem fortgeschrittenen Verlauf von Arbeitsmigration und zugleich verkürzt und verfremdet durch die primäre Bestimmung des Gesamtgeschehens unter Gesichtspunkten des Arbeitsmarktes. So ist die früh einsetzende Familienzusammenführung nur als Randgeschehen wahrgenommen worden, wie auch die rasch anwachsende Zahl ausländischer Kinder lange als zeitlich befristete Folgeerscheinung gesehen wurde, bei der überbrückende Maßnahmen zureichend erschienen.

Tragfähige Analysen und Entscheidungsfindungen sind nur möglich, wenn die verkürzte und verfremdete Sicht aufgehoben wird. Schon allgemeine Bezeichnungen wie ›Kinder ausländischer Arbeitnehmer‹ und ›Gastarbeiterkinder‹ dürfen nicht dazu führen, daß diese Kinder als homogen bestimmbare und einheitlich zu fördernde Gruppe angesehen werden. Es handelt sich vielmehr um Kinder und Jugendliche mit sehr unterschiedlichen sozialen und kulturellen Voraussetzungen und Prägungen, für die freilich in unserem Land relativ vergleichbare Schwierigkeiten und Belastungen bestehen.

Noch problematischer ist das Kennzeichen der ›Zweiten Generation‹. Diese gängige Bezeichnung zielt ab auf Kinder und Jugendliche, die Kindheit und Schule wesentlich in ihrer Heimat erlebt haben, Kinder, die im Laufe der Schulpflicht und Kinder, die in vorschulischem Alter in die Bundesrepublik kamen und noch kommen. Die hier geborenen Kinder werden meist in die Zweite Generation einbezogen, teilweise werden sie auch schon als Dritte Generation bezeichnet. Bei dieser Charakterisierung kann man bereits von einer Vierten Generation sprechen: den Kindern von Ausländern, die als Jugendliche hierher gekommen sind. Freilich ist die Frage nach der Zahl der Generationen viel weniger wichtig als die Tatsache, daß mit der Bezeichnung Zweite Generation unkritisch eine Aussage über den Integrationsverlauf gemacht wird. Es wird davon ausgegangen, daß über eine Generation hinweg

ein Sprach- und Kulturwechsel geschieht. Die Zweite Generation ist dabei als Übergangsgeneration gesehen, die sich weitgehend von der Sprache und Kultur der Eltern löst, aber noch nicht voll in die neue Umwelt integriert ist. Deshalb wird von ihr auch als einer verlorenen Generation gesprochen.
Die Zukunft der ausländischen Kinder ist nicht in einem assimilierenden Integrationsprozeß im Verlauf einer Generation zu bestimmen und zu sichern. Alle Maßnahmen der Förderung und Hilfe sind zum Scheitern verurteilt, wenn sie im Gegensatz stehen zu den tatsächlich differenzierteren und langfristigeren Verläufen von Integration. Hilfe ist möglich und notwendig als verstärkendes und steuerndes Intervenieren in als positiv erkannte Prozesse eines Gesamtgeschehens, das man nicht verdrängen oder ausblenden kann.
Nach dem heutigen Erfahrungs- und Erkenntnisstand ist vorauszusetzen, daß es nicht zu einem Sprach- und Kulturwechsel über die Generation der heutigen Kinder und Jugendlichen kommen, sondern daß eine hohe Sprach- und Kulturloyalität auf lange Sicht dazu führen wird, daß in unserer Gesellschaft unterschiedliche Sprach- und Kulturgruppen bestehen werden im Rahmen von Zweisprachigkeit und Kulturkontakt. Es gilt, von dieser Entwicklung als Realität auszugehen und sich darum zu bemühen, daß sie ihre positiven Möglichkeiten sowohl für die Ausländer als für unsere Gesellschaft insgesamt entfalten kann. Das bedeutet: intensive Förderung der deutschen Sprache bei gleichzeitiger Erhaltung und Stabilisierung der Herkunftssprache; volle Integration in die deutsche Schule, welche zugleich die Erziehungs- und Bildungskontinuität familien- und gruppenspezifischer Kulturzusammenhänge zu wahren hat.
Wenn heute auch anzunehmen ist, daß der größte Teil der ausländischen Kinder in der Bundesrepublik bleiben wird, besonders soweit es sich um hier geborene Kinder handelt, muß gleichwohl die Option für eine Rückkehr und ihre Möglichkeit offengehalten werden. Dabei ist davon auszugehen, daß die Integration in die deutsche Schule, der Erwerb der deutschen Sprache und deutsche Bildungsabschlüsse die besseren Chancen bieten auch für eine Re-Integration als eine insgesamt verarmende und isolierende Erziehung in nationalen Klassen und Schulen. Für die in der Bundesrepublik geborenen Kinder kann das Herkunftsland der Eltern nicht einfach als Heimat betrachtet werden. Verläufe und Schwierigkeiten von Re-Integration sind bisher praktisch überhaupt nicht erforscht worden. Eine notwendige bilaterale Kooperation, etwa in der Anerkennung und Verzahnung von Bildungsgängen, besteht nicht. Dafür haben die Kinder einen hohen Preis zu bezahlen, der dem beim Eintritt in die deutsche Schule zu vergleichen ist.
Das zentrale Entscheidungsfeld für die Zukunft der ausländischen Kinder ist

das Erziehungsgeschehen in der Familie. Die Familienerziehung ist die unverzichtbare Voraussetzung für das Gelingen schulischer und beruflicher Bildung. Deshalb müssen Erziehungsbereitschaft und Erziehungsfähigkeit der ausländischen Familien gestärkt werden. Das geschieht durch Bewußtseins- und Willensbildung, etwa in Elternvereinen, und durch die entschiedene Förderung familiengerechter Lebensverhältnisse.
Zwei Gefahren muß besonders entgegengewirkt werden. Zum einen geht es um die Gefahr der inneren Desorganisation der Familie. Die ausländischen Familien sind in hohem Maße von Konflikten betroffen. Für die Beziehungen von Mann und Frau besteht die Aufgabe einer neuen Situations- und Rollendefinition; die Konflikte zwischen Eltern und Kindern gehen über den sogenannten Generationenkonflikt hinaus. Innerhalb der Familie steht die nichtberufstätige Mutter in besonderem Maße in der Gefahr der Isolierung. Die familiale Problemzone umfaßt auch die gemischt nationalen Familien.
Im Zusammenhang zur inneren Desorganisation ist auch die Gefahr der äußeren Desorganisation zu sehen. Die meisten ausländischen Familien sind bei ihrer Einreise in die Bundesrepublik aus tragenden verwandtschaftlichen Zusammenhängen desintegriert. Diese Bindungen bestehen zwar in einer bestimmten Weise weiter durch Kontakte mit der Heimat, sie bauen sich aber im Laufe der Zeit ab. Der Kitt dieser Beziehungen ist die Absicht der Rückkehr. Das nicht selten irreale Festhalten an einer formalen Rückkehrabsicht kann sich sozusagen als Mythos der Rückkehr nachteilig auswirken. Die Eltern haben dabei falsche Zukunftsvorstellungen für ihre Kinder, wie etwa extreme Bildungserwartungen bei Rückkehr der Kinder und Abwehr von Bildungsmöglichkeiten in Deutschland. Die äußere Desorganisation äußert sich in der Ausbildung von Quasi-Gettos. Deshalb ist die Bildung von landsmannschaftlichen Gruppen zu fördern, welche die Kernfamilien einbinden in Sprach- und Kulturprozesse, die in der Stabilisierung von Familienkultur zugleich auch Integrationsprozesse sind.
Die deutlichsten Erfolge für die Integration ausländischer Kinder sind im vorschulischen Bereich festzustellen. Einrichtungen wie Kindergärten, die von deutschen und ausländischen Kindern zugleich besucht werden, schaffen Grundlagen interkultureller Erziehung. Dabei dürfen die Angebote im Vorschulbereich sich nicht die Aufgabe stellen, Vorlieferer der Schule zu sein. Ihre Aufgabe ist es vielmehr, die Familienerziehung zu unterstützen und auf sie zurückzuwirken. Eltern und ausländische Mitarbeiter sind einzubeziehen. In den Kindergärten ist Deutsch als Sprechsprache optimal zu fördern bei intensiver Zuwendung und Interaktion. Es bestehen gute Voraussetzungen für die Entwicklung von Zweisprachigkeit im Kulturkontakt. Durch eine intensive Elternarbeit muß eine größere Bereitschaft der ausländischen El-

tern erstrebt werden, die Einrichtungen im vorschulischen Bereich als wichtig zu erkennen und zu nutzen. Die Mitarbeiter in diesen Einrichtungen müssen auf ihre besonderen Aufgaben gut vorbereitet und in ihrer Arbeit beratend unterstützt werden.

Die ausländischen Kinder müssen voll in die deutsche Schule integriert werden. Ihre besondere Förderung muß innerhalb der deutschen Schule geschehen. Es darf kein Nebeneinander und Gegeneinander mit Heimatschule (Doppelschule), Koranschule usw. geben. Hier hat auch die beklagte Überforderung der ausländischen Kinder ihren Grund. Was die Kinder am meisten belastet, sind Widersprüche der Unterrichts- und Erziehungsstile, der Werte und Normen, der Bildungsinhalte, sind Widersprüche, die sich als Entwicklungskonflikte und -krisen der Kinder äußern. Die Einführungs-, Förder- und Übergangsklassen haben sich häufig als nationale Auffangklassen ausgewirkt. Dabei versagten sie in doppelter Hinsicht, indem sie weder den Zugang zur deutschen Schule vermittelten noch einen verantwortlichen und tragfähigen Heimatunterricht boten. Aspekte und Zusammenhänge des Heimatunterrichtes müssen vielmehr innerhalb der deutschen Schule eingebracht werden, und zwar nicht zuletzt in allgemeinen Fächern wie Geschichte, Erdkunde, Musik, Kunst usw. Die Heimatsprache soll als Fremdsprache anerkannt und angeboten werden, und zwar grundsätzlich auch für deutsche Schüler. Damit ist einer vorurteilshaften Abwertung dieser Sprachen entgegenzutreten. In Fächern wie Sachkunde ist zweisprachiger Unterricht als Möglichkeit einer hochsprachlichen Förderung der Heimatsprache vorzubereiten und zu erproben.

Die Ausbildung deutscher Lehrer, vor allem im Grund- und Hauptschulbereich, muß auf die Aufgaben einer interkulturellen und zweisprachigen Erziehung vorbereiten. Im Rahmen der Ausbildung müssen auch der Erwerb von Grundkenntnissen einer der sogenannten Mittelmeersprachen und Einführungen in Landes- und Kulturkunde dieser Länder angeboten werden. Die Schule kann nicht verzichten auf ausländische Lehrer, die vor allem auf die Voraussetzungen und Bedürfnisse der ausländischen Kinder eingehen können und die eng mit den Eltern zusammenarbeiten. Sie sind zuständig für den Sprachunterricht in der Heimatsprache und einen integrierten Heimatunterricht. Bei ihrer Rückkehr in die Heimat sind sie auch am besten befähigt, bei der Re-Integration zurückgekehrter Kinder in das dortige Schulsystem mitzuwirken. Die ausländischen Lehrer müssen gute deutsche Sprachkenntnisse besitzen. Ihnen sind zusätzliche Studienangebote zu machen, damit sie innerhalb der deutschen Schule die Aufgaben erfüllen können, auf die sie in ihrer bisherigen Ausbildung nicht zureichend vorbereitet worden sind.

Eine große Bedeutung für den Schul- und Berufserfolg ausländischer Kinder haben außerschulische Hilfen. Die in diesem Bereich geläufige Bezeichnung Hausaufgabenhilfe ist problematisch und irreführend, wenn sie nicht durch eine sinnvolle und realitätsbezogene Aufgabenstellung inhaltlich erklärt und methodisch ermöglicht wird. Aus der Analyse der Situation ausländischer Kinder sind verschiedene Aufgabenstellungen und Konzepte möglich. Dabei lassen sich zwei grundsätzliche Tendenzen unterscheiden, und zwar auch aus der Praxis der zurückliegenden Jahre heraus. Eine Tendenz läuft hinaus auf Hilfen gegenüber den Anforderungen der Schule. Ziel ist die Befähigung zur Schülerrolle, d. h. dazu, daß die Kinder die Schule erfolgreich durchlaufen können. Der Schulerfolg ist notwendig zur Gewinnung sozialer Chancen, vor allem für Arbeit und Beruf. Dieses Ziel gilt auch für die zweite Tendenz. Man glaubt es aber nur erreichen zu können durch eine primäre Zuwendung zum Kind und nicht durch eine primäre Anpassung an die Schule. Aufgabe ist Entfaltung und Verstärkung der sozialen und kulturellen Identität. Das heißt, daß schädigenden und blockierenden Prozessen der Umwelt entgegenzuwirken ist. Hierbei stellen sich auch Forderungen an die Schule. Aus diesen beiden Richtungen lassen sich Akzente für die außerschulische Arbeit mit ausländischen Kindern setzen mit folgenden Modellkonzepten: Hausaufgabenhilfe in direktem Sinne; außerschulische Förderung als Lernhilfe; Förderung sozialer Handlungsfähigkeit; Entfaltung und Verstärkung kultureller Identität. Die beiden ersten Konzepte hängen in dem Sinne zusammen, daß es ihnen darum geht, den Schulerfolg zu sichern. Die beiden anderen Konzepte haben ihren Zusammenhang in der Orientierung am Wohl der Kinder. In der Öffentlichkeit bestehen Vorurteile gegen ausländische Gruppen. Sie wirken sich als Barrieren der Integration aus. Vom Abbau dieser Barrieren hängt nicht zuletzt auch das Gelingen der europäischen Integration ab. Umgekehrt ist die Zukunft der ausländischen Kinder nur zu sichern durch die europäische Integration.

Dr. *Jürgen Micksch*

Kirchliche Ausländerarbeit im Bildungswesen

Im folgenden Referat werden einige Schwerpunkte und Prioritäten in Thesenform aufgezeigt, die sich aus der gegenwärtigen Diskussion in der kirchlichen Ausländerarbeit ergeben.

1. Die erste These besagt, daß die Anwesenheit von über 10 Mio. Ausländern in den Ländern der Europäischen Gemeinschaft eine Herausforderung zur *Überprüfung von Bildungsinhalten* ist. Die verschiedenen Bildungssysteme in den Ländern der Europäischen Gemeinschaft haben sich darauf bisher kaum eingestellt. Das Zusammenwachsen Europas erfordert eine Erziehung zum Frieden in einem Europa, das größer ist als die gegenwärtige Europäische Gemeinschaft. Die Anwesenheit von 1,1 Mio. Türken in der Bundesrepublik Deutschland erinnert daran, daß auch die Türkei zu Europa gehört. In unserem tatsächlichen Verhalten liegt uns die Türkei allerdings meist sehr fern. Wenn wir uns für ein Zusammenwachsen Europas einsetzen, haben wir auf dieses Land und auch auf andere europäische Länder bewußt zuzugehen. Konkret heißt das dann, auch die Inhalte unserer Erziehung zu überprüfen. Ein Zusammenleben mit Türken und anderen Europäern erfordert das Erlernen zusätzlicher Sprachen. Der Sprachunterricht für ausländische Kinder kann dann vor allem als positive Chance zur europäischen Verständigung gesehen werden. Die Aufgeschlossenheit gegenüber anderen Kulturen, die Fähigkeit und Bereitschaft zum Gespräch mit orthodoxen Kirchen sind einzuüben, denn zum ersten Mal in der Geschichte leben etwa 470 000 orthodoxe Christen in der Bundesrepublik. Die Begegnung mit den über 5 Mio. Muslimen in Europa ist eine neue Herausforderung. Um sie zu verarbeiten, haben wir anzuerkennen, daß die europäischen Länder multikulturelle Gesellschaften geworden sind: In Frankreich leben 2 Mio. Muslime, in Großbritannien 1 Mio., in unserem Land 1,4 Mio. Dies bringt für die europäischen Länder neue Erfahrungen mit sich, die dazu führen, daß sich unsere Identität und unser Selbstverständnis ändern. Auch die Bundesrepublik Deutschland ist zu einem vielsprachigen Land geworden. Jeder fünfzehnte Einwohner spricht eine nichtdeutsche Sprache als Muttersprache. Wir haben mit diesen anderen Ländern in einen offenen Dialog einzutreten, in

dem unsere kulturellen Traditionen eine anregende Ausstrahlung haben können, in dem wir aber auch bereit sein sollten, von anderen zu lernen.

2. In der Bildungspolitik sollte der Grundsatz der *Gleichbehandlung* ausländischer und einheimischer Kinder Gültigkeit haben. Das Recht auf Bildung ist ein Menschenrecht. Ihm entspricht die Forderung, allen Kindern in Europa gleiche Bildungschancen zu ermöglichen. Von daher ist es abzulehnen, wenn in der vom Rat der Europäischen Gemeinschaft am 25. Juli 1977 angenommenen »Richtlinie über die schulische Betreuung der Kinder von Wanderarbeitnehmern«, die ab 1981 durchzuführen ist, nur ausländischen Kindern aus Mitgliedstaaten der Europäischen Gemeinschaft ein »kostenloser Einführungsunterricht« sowie »Unterweisung in der Muttersprache und heimatlichen Landeskunde« anzubieten ist. Grundsätzlich sollten Ausländer aus EG und Nicht-EG-Ländern gleichbehandelt werden. Und dies sollte besonders für die ausländischen Kinder gelten. Eine Nichtgleichbehandlung fördert den Rassismus, der zu schweren sozialen Konflikten mit den erwachsen gewordenen ausländischen Kindern und Jugendlichen führen kann. Es ist moralisch und pädagogisch nicht zu verantworten, daß z. B. deutsche, englische, holländische und italienische Kinder ausländischer Arbeitnehmer zusätzlichen Förderunterricht erhalten, während indische, afrikanische, türkische oder spanische Kinder in der gleichen Schule davon ausgeschlossen werden. Es wurde uns gesagt, daß in der Bundesrepublik Deutschland diese EG-Richtlinie für ausländische Kinder aus EG und Nicht-EG-Ländern in gleicher Weise angewendet werden soll.

3. Um ausländischen Eltern die Bedeutung von Erziehungsfragen in hochindustrialisierten Gesellschaften deutlich zu machen, sollte die *Elternarbeit* Priorität erhalten. Ausländische Elternvereine können dabei wichtige Partner sein. Nur durch eine Zusammenarbeit mit ausländischen Eltern können Bildungsangebote für ausländische Kinder langfristig Erfolg versprechend sein. In den letzten Jahren haben sich zahlreiche spanische und portugiesische Ausländervereinigungen in der Bundesrepublik gebildet, die zu einem Dialog bereit sind und darauf warten, daß man auf sie zugeht. Schwieriger dürfte dies bei griechischen Elternvereinen sein, von denen sich viele für Nationalklassen und Nationalschulen einsetzen und dadurch am Dialog mit deutschen Stellen oft nur wenig interessiert sind. Genauso wichtig ist auch die deutsche Elternarbeit, da zunehmend mehr zu beobachten ist, daß sich deutsche Eltern ablehnend gegen Schulklassen mit einem größeren Anteil von Ausländerkindern verhalten.

4. Aus Enttäuschung über die auf Ausländerkinder unzureichend eingestellten Erziehungssysteme in Europa setzen sich viele ausländische Eltern für Nationalklassen und -schulen ein, die jedoch die sprachliche und soziale Isolation ausländischer Kinder verfestigen und ihre berufliche Benachteiligung für die Zukunft zementieren. Diese Schwierigkeiten hängen mit der politischen Gesamteinschätzung der Ausländerbeschäftigung zusammen. Bis jetzt konnten die meisten ausländischen Arbeitnehmer ihre Zukunft nicht planen. Durch die ab 1. Oktober 1978 vorgesehene Verbesserung des Aufenthaltsrechts – die Praxis bleibt noch abzuwarten – soll ausländischen Eltern die Möglichkeit gegeben werden, ihr Leben zu planen. Die beabsichtigte Verbesserung des Aufenthaltsrechts macht deutlich, daß die Politik der Bundesrepublik Deutschland praktisch darauf hinausläuft, daß dieses Land für die hier anwesenden ausländischen Arbeitnehmer und vor allem für die zweite Generation zum *Einwanderungsland* geworden ist. In diesem Sinne hat sich neben den Kirchen auch der hessische Ministerpräsident ausgesprochen. Dabei sollte berücksichtigt werden, welcher Begriff von Einwanderungsland gemeint ist. Der klassische Begriff des Einwanderungslandes hat immer beinhaltet, daß große Teile der Eingewanderten wieder in ihre Heimatländer zurückgekehrt sind. Das galt für Südafrika, das galt für die lateinamerikanischen Länder, teilweise auch für Nordamerika. Einwanderungsland heißt nicht, daß alle oder die ganz große Mehrheit der Ausländer für immer hier bleiben. Es heißt vielmehr, daß wir uns darauf einzustellen haben, daß viele dieser Ausländer für immer hier bleiben und daß wir daraus die rechtlichen, sozialen, politischen und pädagogischen Konsequenzen zu ziehen haben. Alle praktischen Maßnahmen der Politik in der Bundesrepublik Deutschland laufen auf diese Zielvorstellung hinaus, auch wenn man immer wieder von der »Rückkehrförderung« spricht und die politischen Folgerungen nicht durchsetzt.

Dem Grundsatz der Chancengleichheit für ausländische Kinder wird nur entsprochen, wenn sie (a) in Regelklassen integriert werden, (b) zusätzlichen Förderunterricht in der Sprache des Aufnahmelandes erhalten – die EG-Richtlinie spricht von Einführungsunterricht –, und wenn (c) der muttersprachliche Unterricht obligatorisch erteilt wird. Im Sinne der EG-Richtlinie ist hierin der heimatkundliche und evtl. auch der religiöse Unterricht einzubeziehen. Dies ist schon deswegen notwendig, damit die Identität dieser Kinder und Jugendlichen gewahrt werden kann, die ihnen durch das Elternhaus vermittelt wird.

Nachdem sich die Kirchen jahrelang für eine Verbesserung des Aufenthaltsrechts eingesetzt haben, wird nun das Schwergewicht ihrer Initiativen auf die Situation ausländischer Kinder gelegt. Die am 24. September 1978 durchgeführten Veranstaltungen zum Tag des ausländischen Mitbürgers sollten darauf hinwirken, die Situation ausländischer Kinder zu verbessern.

5. Viele ausländische Eltern haben die Notwendigkeit des *Kindergartens* für das soziale Verhalten und die deutschen Sprachkenntnisse ihrer Kinder noch nicht erkannt. So besuchten in der Bundesrepublik nur etwa 26% der Ausländerkinder im Vorschulalter einen Kindergarten. Wie kann dieser Anteil erhöht werden? Die These, daß die Eltern Bedenken hätten, ihre Kinder ganztägig wegzugeben, habe ich bisher nicht bestätigt finden können. Schon der sehr hohe Anteil berufstätiger ausländischer Frauen deutet darauf hin, daß sie froh sein müßten, wenn ihre Kinder den ganzen Tag in einem Kindergarten bleiben können. Erforderlich dürfte es vielmehr sein, in zunehmendem Maße ausländische Erzieherinnen einzustellen. Wichtig ist ebenfalls, daß sich Kindergärten verstärkt den ausländischen Kindern öffnen. Dies erfordert eine intensive Elternarbeit, denn viele ausländische Eltern kennen aus ihrem Heimatland keinen Kindergarten. Kindergärten sollten für die Teilnahme ausländischer Kinder werben. Zu prüfen ist auch, ob die Kindergartengebühren nicht vielfach eine Barriere gegen den Kindergartenbesuch darstellen und ob sie nicht verringert werden können. Auch sind die Öffnungszeiten von Kindergärten der Arbeitszeit anzupassen, soweit das noch nicht der Fall ist. Ausländerkinder sind als Ausländer benachteiligt und darüber hinaus auch deshalb, weil sie Arbeiterkinder sind.
Ein besonderes Problem sind die muslimischen Kinder und Jugendlichen. In der Bundesrepublik sind es fast 400 000, vorwiegend aus der Türkei. Ihre kulturellen, sozialen und religiösen Eigenheiten sollten im Unterricht sowie bei der Auswahl des Essens respektiert werden. Zu wenig wird noch auf die Angst vieler muslimischer Kinder Rücksicht genommen, daß ihr Essen im Kindergarten mit Schweinefleisch in Berührung gekommen sein konnte. Das Problem der Koranschulen ist hier nur anzudeuten, in denen nicht ausgebildete Hodschas den Kindern muslimischen Glaubensunterricht erteilen. Sie lehren die Kindern außerhalb des Kindergartens bzw. der Schule den Koran in arabischer Sprache lesen und haben in ihrer Gesamteinstellung ein negatives Verhältnis zur aufnehmenden Gesellschaft. Dies führt dann bei den Kindern zu einer Abwehrhaltung gegenüber der Schule und zu Lernstörungen. Nur ein qualifizierter islamischer Religionsunterricht kann solche Fehlentwicklungen verhindern helfen.

6. In der *Ausbildung von Vorschul- und Schulpädagogen, Sozialberatern und Pflegepersonal in Krankenhäusern* sollte auf die Besonderheiten anderer Kulturen und die Sprachvermittlung für ausländische Kinder und Jugendliche

durch eigene Lehreinheiten vorbereitet werden. Dafür könnten kirchliche Ausbildungsträger Modelle entwickeln. Im Hinblick auf den künftigen Bedarf sollten Lehrer mit einer zusätzlichen Ausbildung und Sprachkenntnissen für den Unterricht mit ausländischen Kindern bevorzugt eingestellt werden. Dies gilt besonders für die in europäischen Ländern aufgewachsenen und ausgebildeten ausländischen Erzieher und Lehrer. Bei der Lehrerbedarfsplanung sollten die zusätzlichen pädagogischen Maßnahmen für Ausländerkinder berücksichtigt werden. Wie notwendig das ist, ergibt sich aus den Zahlen. Der Anteil der Ausländerkinder an den Lebendgeborenen betrug 1975 in Frankfurt 41‰, in Stuttgart 36,5‰ und in Köln 34‰. Diese Zahlen sinken inzwischen. Doch dieser Berg an ausländischen Schülern wird sich in den nächsten Jahren durch das Schulsystem wälzen, worauf man in den Ballungsgebieten bisher nicht genügend vorbereitet ist.

7. Ausländische Jugendliche finden nur schwer Zugang zu *Ausbildungs- und qualifizierten Arbeitsplätzen* . Für den hohen Anteil ausländischer Jugendlicher ohne Schulabschluß zeichnet sich als Lebensschicksal die Arbeitslosigkeit ab. Besonders für diese Jugendlichen sollen vollzeitschulische Angebote und Ausbildungsstätten der öffentlichen Hand und freier Träger gefördert werden.
Auch wenn auf absehbare Zeit erhebliche Schwierigkeiten auf dem Arbeitsmarkt bestehen, sollten wir die langfristige Bevölkerungsentwicklung im Auge behalten, nach der die Zahlen der für den Arbeitsmarkt zur Verfügung stehenden Arbeitnehmer am Ende der 80er Jahre stark zurückgehen werden. In einer Untersuchung der Bundesanstalt für Arbeit wurde darauf hingewiesen, daß man dann erneut gezwungen sein könnte, ausländische Arbeitnehmer anzuwerben. Unter diesem langfristigen Aspekt und angesichts des auch gegenwärtig in manchen Branchen bestehenden Mangels an Arbeitnehmern sollte man sich Mut machen, für diese ausländischen Kinder und Jugendlichen mehr zu tun.
Ein besonderes Problem sind die nach dem 31. 12. 1976 im Rahmen des Familiennachzugs in die Bundesrepublik eingereisten ausländischen Jugendlichen, die keine Arbeitserlaubnis erhalten[1] und daher auch nicht an berufsfördernden Maßnahmen teilnehmen dürfen. Da gerade diese Jugendlichen besonderer Förderung bedürfen, ist dieses Verbot sozial nicht zu vertreten. Wenn ausländische Jugendliche derzeit noch nicht arbeiten dürfen, sollten sie wenigstens schon für später lernen können.

1 Diese Regelung ist zwar inzwischen gelockert worden, aber der Grundsatz des Vorrangs der deutschen Bewerber und die Wartezeitregelung (5 Jahre) besteht fort.

8. Die kommunale und kirchliche *Erwachsenenbildung* sollte verstärkt auf die Interessen von Ausländern eingehen. Sozialisationshilfen sind vor allem auch für ausländische Frauen und Mädchen erforderlich, die keine Schule besucht haben. Nur wenn es uns gelingt, auch ihnen einen Zugang zur mitteleuropäischen Gesellschaft zu ermöglichen, wird das positive Auswirkungen auf ihre Kinder haben und das Miteinanderleben von Einheimischen und Ausländern verbessern.

Felix Kempf

Gemeinsame Politik der EG auf dem Gebiet der Berufsbildung? – Die Sicht der Gewerkschaften

Hinter dem heute zu behandelnden Thema »Gemeinsame Politik der EG auf dem Gebiet der Berufsbildung« steht ein kleines Fragezeichen, und dies vielleicht zu Recht.
Tatsächlich ist die Frage zu stellen, ob es in der Europäischen Gemeinschaft so etwas wie eine europäische gemeinsame Politik auf dem Gebiet der Berufsbildung gibt, und sofern dies zu bejahen ist, welche Wirkung für die Weiterentwicklung der beruflichen Bildung von ihr ausgegangen ist, ob sie zur Lösung der anstehenden Probleme beitrug oder beiträgt.
Zweifellos war der politische Wille bei der Abfassung der Rom-Verträge zur Gründung der Europäischen Wirtschaftsgemeinschaft hierfür vorhanden.

Die allgemeinen Grundsätze

Artikel 128 der Rom-Verträge bestimmte die Aufstellung »Allgemeiner Grundsätze für die Durchführung einer gemeinsamen Politik der Berufsausbildung innerhalb der Gemeinschaft« durch den Rat.
Am 2. April 1963 beschloß der Rat die »Allgemeinen Grundsätze für die Durchführung einer gemeinsamen Politik der Berufsausbildung«.

Als Gründe wurden angeführt:

- die Anpassung der beruflichen Fähigkeiten an die wirtschaftliche Entwicklung und die technologischen Bedingungen;
- die bessere Koordinierung der Regionalpolitik;
- die Verbesserung der Freizügigkeit der Arbeitnehmer;
- die Sicherung der Grundrechte auf freie Wahl des Berufs und der Ausbildungsstätte sowie des Ausbildungs- und Beschäftigungsortes;
- das Recht auf Fortbildung und einer etwa erforderlichen Umschulung;
- die Verbesserung der Aus- und Fortbildung der Lehrer und Ausbildungskräfte;
- die Sicherung einer engen Zusammenarbeit zwischen den Mitgliedstaaten.

In den Grundsätzen selbst werden keine geringeren Ziele bestimmt als:

- die Gewährleistung einer angemessenen Berufsausbildung für jeden;
- rechtzeitige Schaffung geeigneter Ausbildungseinrichtungen;

- Sicherung der Entwicklung der Persönlichkeit sowie eine Ausbildung, die den technologischen Entwicklungen und den sozialen und wirtschaftlichen Erfordernissen gerecht wird;
- Sicherung einer höchstmöglichen Ausbildung, wobei die geistige und sittliche Entwicklung, die staatsbürgerliche Erziehung und die körperliche Entwicklung der Jugendlichen zu fördern ist;
- Förderung einer den Erfordernissen angepaßten Aus-, Fortbildung und ggf. Umschulung;
- Zugang jedes einzelnen zu einem höherwertigen Beruf entsprechend seiner Neigung, Fähigkeit und Kenntnissen.

In den Grundsätzen werden aber auch verlangt:

- ständige Berufsberatungs- und Berufsaufklärungsstellen für Jugendliche und Erwachsene;
- Studien- und Forschungsarbeiten der Kommission in enger Zusammenarbeit mit den Mitgliedstaaten;
- Verzeichnisse der Ausbildungseinrichtungen in den Mitgliedstaaten im Vergleich zum vorhandenen Bedarf;
- Sammlung, Verbreitung und Austausch aller zweckdienlichen Informationen, Ausbildungsunterlagen und Lehrmittel. Hierdurch soll eine bessere Kenntnis aller Einzelheiten und Veröffentlichungen über die Lage und Entwicklung der Berufsausbildung in der Gemeinschaft gesichert sowie die Modernisierung der verwendeten Lehrmittel gefördert werden;
- Sicherung des direkten Erfahrungsaustausches zwischen den zuständigen Stellen und Fachleuten, um verwirklichte Vorhaben und Neuerungen anderer Länder der Gemeinschaft kennenzulernen sowie die Durchführung von Studienseminaren und Programmen, Besuchen und Aufenthalten bei entsprechenden Einrichtungen.

In weiteren dieser insgesamt 10 Grundsätze werden näher ausgeführt:

- die zweckentsprechende Ausbildung der Lehrer und Ausbilder, die Erhöhung der Zahl und deren fachlich-pädagogische Fähigkeiten und die Vorbereitung der Lehrer und Ausbilder für Entwicklungsregionen, Entwicklungsländer und Gebiete, vor allem, soweit sie mit der Gemeinschaft asoziiert sind.

Verlangt werden weiter:

- aufeinander abgestimmte Beschreibungen der Grundanforderungen für den Zugang zu den verschiedenen Ausbildungsstufen und die Angleichung der Abschlußprüfungen sowie die gegenseitige Anerkennung der Zeugnisse; Aufgaben, deren Lösung trotz verschiedener Anläufe kaum in Ansätzen gelungen ist;

- geeignete gemeinsame Maßnahmen, um den Gesamtausgleich zwischen Arbeitsangebot und -nachfrage zu sichern;
- spezielle Maßnahmen zur Lösung von Sonderproblemen bestimmter Tätigkeitsbereiche und Personengruppen;
- die gemeinsame Finanzierung von Maßnahmen als »Kann«-Regelung.

In den Grundsätzen und in den nachfolgenden Programmen wurde immer wieder auf die notwendige Vorausberechnung und Schätzung des quantitativen und qualitativen Bedarfs an Arbeitskräften in den verschiedenen Erwerbszweigen auf einzelstaatlicher und auf Gemeinschaftsebene hingewiesen, um darauf die gemeinsame Berufsbildungspolitik abzustellen.
Um die Mitwirkung der enger beteiligten gesellschaftlichen Gruppen und der Regierungen zu sichern, wahrscheinlich aber auch, weil man wußte, wie schwierig derartig umfassende Ziele zu verwirklichen sind, wurde die Bildung eines »Beratenden Ausschusses für die Berufsausbildung« bestimmt, dem in gleicher Zahl Vertreter der Regierungen, der Arbeitgeberverbände und der Gewerkschaften angehören.
Entsprechend den weitgesteckten Ziele wurde mit Begeisterung und Elan versucht, die Aufgaben in Angriff zu nehmen.

Das erste Aktionsprogramm

Ein erstes Aktionsprogramm aus dem Jahre 1965, an dessen Entwicklung sowohl der »Beratende Ausschuß« als auch der Wirtschafts- und Sozialausschuß beteiligt waren, sah u. a. vor:

- als erste Stufe die Vermittlung eines geeigneten Instrumentariums zur Vorausschätzung des Bedarfs und Angebots von qualifizierten Arbeitskräften;
- die Angleichung der Ausbildungsstufen;
- die Angleichung der Ausbildungsmethoden;
- Untersuchungen zur Verbesserung der Aus- und Fortbildung der Lehrer und Ausbilder;
- die Anerkennung der Zeugnisse, Diplome und Prüfungen;

Nicht zuletzt wurden Versuchsprogramme zur Erprobung moderner Methoden der Berufsausbildung, die Entwicklung neuer Modellzentren und die Durchführung von Austauschprogrammen für jugendliche Facharbeiter verlangt. Aber den mehrjährigen Bemühungen folgte die Ernüchterung auf dem Fuße. Am 26. Juli 1971 stellte der Rat fest, daß die eingeleiteten Arbeiten

nicht zu den erhofften Ergebnissen geführt haben. Vielmehr mußten zuerst Erfahrungen gesammelt werden, um abstrakte Grundsätze in konkrete Aktionen umsetzen zu können.
Auch sei nicht streng genug unterschieden worden zwischen kurzfristigen Aktionen und längerfristigen Zielsetzungen. Ebenfalls seien die verfügbaren Mittel unzureichend gewesen.
Der Rat beauftragte die Kommission, erneut Anstrengungen zu unternehmen, um die bisherige Arbeit intensiver und wirksamer zu gestalten.

Das zweite Tätigkeitsprogramm

Ein neues Tätigkeitsprogramm sollte entsprechend einem Zeitplan durchgeführt und darin kurz-, mittel- und längerfristige Ziele angegeben werden.
Ziel sollte es insbesondere sein, den Mangel an qualifizierten Arbeitskräften zu beheben und die Ausbildung möglichst in polivalenter Form sicherzustellen.
Im Prinzip wurden die alten Forderungen erneut aufgelistet und zusätzliche Maßnahmen verlangt, zum Beispiel:
- Maßnahmen zur sprachlichen Ausbildung und Anpassung der Wanderarbeitnehmer;
- Untersuchungen über Kosten und Erträge der Berufsausbildung sowie über die Finanzierung der beruflichen Bildung;
- Feststellung des Ausbildungsstandes und des Ausbildungsbedarfs der Berufsberater;
- Herausgabe eines Informationsbulletins;
- Maßnahmen über neue pädagogische Methoden;
- Untersuchungen über die Wechselbeziehungen zwischen der allgemeinen Ausbildung und der Berufsausbildung;
- Zusammenarbeit auf dem Gebiet der Forschung;
- und wieder sehr nachdrücklich die Angleichung der Ausbildungsniveaus und die Anerkennung der Diplome und Abschlüsse.

Ein neuer Anlauf wurde also versucht, aber die Ressourcen wurden nur in bestimmten Bereichen verbessert. So gelang es auch, von Einzelpunkten abgesehen, in der Folge nicht, Anspruch und Wirklichkeit einander anzunähern.
War die personelle und materielle Ausstattung im Bereich der beruflichen Bildung von vornherein nicht ausreichend, so wurden trotz der Zusammenlegung der drei Gemeinschaften – EG – Montanunion und Euratom – die Zahl der Mitarbeiter der Kommission für den Bereich der Berufsbildung

verringert und die finanziellen Mittel – mit Ausnahme des Sozialfonds – wesentlich gekürzt.
Dasselbe geschah nochmals bei der Ausdehnung der Gemeinschaft auf neun Mitgliedstaaten.

Was wurde erreicht?

Trotzdem wäre es vermessen und unangemessen, die Arbeiten der EG auf dem Gebiet der Berufsbildung unterzubewerten oder gering einzuschätzen.

Immerhin wurden:

- wesentliche Grundlagen gelegt für eine polivalentere Ausbildung in der beruflichen Bildung, zumindest erfolgte eine Verstärkung der Kenntnisse, Fertigkeiten und Fähigkeiten, die für mehrere Berufsbereiche verwertbar sind sowie eine stärkere Verbreitung der beruflichen Grundbildung;
- für die Aus- und Weiterbildung der Ausbilder, vor allem in pädagogischer Hinsicht, wurden entscheidende Maßstäbe gesetzt, auch was die Bundesrepublik Deutschland angeht;
- Sachverständigengruppen aus dem Bereich verschiedener europäischer Forschungsinstitute leisteten wesentliche Arbeiten, vor allem im Bereich des Informations- und Erfahrungsaustausches;
- Seminare für Führungskräfte der Ausbildung in der Industrie sowie für weitere Bereiche wurden zeitweilig sehr intensiv und mit gutem Erfolg durchgeführt;
- die Empfehlung für ein europäisches Berufsbild für die Ausbildung von Facharbeitern an spanenden Werkzeugmaschinen wurde herausgegeben und wird in fast allen Ländern der EG berücksichtigt.
- seit 1972 wird ein Bulletin für berufliche Bildung von der Europäischen Gemeinschaft herausgegeben;
- es wurde versucht, die Begriffe der beruflichen Bildung in Glossar-Form in den Sprachen der europäischen Länder darzustellen – sie sind in einigen Sprachen erschienen;
- Studien zum Bereich der beruflichen Bildung gaben wesentliche Hinweise und Anregungen; zum Beispiel zur Frage der Polivalenz, zur Aus- und Weiterbildung der Ausbilder und zum technologischen Wandel.
- für den Bereich der Berufsberatung wurde der gegenseitige Erfahrungsaustausch verstärkt, und wichtige Empfehlungen wurden herausgegeben, die weitgehende Berücksichtigung fanden;

- Austauschprogramme jugendlicher Facharbeiter wurden herausgegeben und deren Durchführung gefördert, keineswegs ohne Erfolg;
- im Bereich der Wanderarbeitnehmer wurden entscheidende Arbeiten und Hilfen geleistet, um vor allem zweiseitige nationale Regelungen zu treffen;
- der Sozialfonds wurde ausgebaut und zu einem Instrument der Arbeitsmarktpolitik, der beruflichen Umschulung und Ausbildungsförderung umgestaltet. Heute beteiligt sich der Fond am Aufbau, der Erweiterung und der Einrichtung von Berufsbildungsmaßnahmen, die sowohl der Ausbildung, der Umschulung und der Fortbildung dienen, ebenfalls leistet er wichtige Hilfen zu den Folgekosten, desgleichen beteiligt er sich an sozialen Maßnahmen zur Schaffung neuer Arbeitsplätze, am Wohnungsbau und an der Tätigkeit von sozialen Diensten für Wanderarbeitnehmer.

Nunmehr wird auch versucht, auf die Qualität der Maßnahmen zur beruflichen Bildung einzuwirken. In zunehmendem Maße wird der Sozialfonds bei der Milderung der Arbeitslosigkeit Jugendlicher, Frauen und Behinderter wirksam.

Allerdings ist auch hier der Umfang der Mittel in Höhe von insgesamt 569,5 Millionen Rechnungseinheiten für das Jahr 1978 noch immer äußerst bescheiden im Verhältnis zum Gesamtetat der EG.

Entsprechend den grundlegenden Veränderungen auf dem Arbeitsmarkt, haben sich insgesamt die Schwergewichte im Bereich der Sozialpolitik und der beruflichen Bildung verlagert.

Zwar wurde in der Gemeinschaft wohl schon zu Beginn der Rom-Verträge die Tatsache gesehen, daß eine in mehreren Bereichen verwertbare berufliche Qualifizierung, die Bereitschaft zur Weiterbildung und gegebenenfalls zur Umschulung einen relativ guten Schutz vor Arbeitslosigkeit darstellt. Die Akzente wurden jedoch entsprechend der damaligen Situation bei der Versorgung der Wirtschaft und Gesellschaft mit qualifizierten Arbeitskräften gesehen, allerdings auch unter dem Gesichtspunkt der optimalen personalen Entfaltung des einzelnen.

Seit einiger Zeit hat sich das Bild der Not gehorchend grundlegend gewandelt.

Schwerpunkt Milderung der Jugendarbeitslosigkeit

Hilfen für die Beseitigung, Milderung oder Verhinderung von Arbeitslosigkeit, soweit dies durch Maßnahmen der beruflichen Bildung überhaupt beeinflußt werden kann, wurden immer mehr in den Vordergrund gerückt. Der Ministerrat unterrichtete die Regierungen – allerdings zu einem relativ

späten Zeitpunkt – nämlich im Frühjahr 1978 über die veränderte Situation und unterbreitete u. a. Vorschläge zur gemeinschaftlichen Unterstützung durch Beihilfen zur Arbeitsförderung von Jugendlichen.
Der Ministerrat machte darauf aufmerksam, daß die Zahl der Erwerbspersonen im laufenden Jahrfünft um 4,5 Millionen und in der Zeit zwischen 1980 und 1985 um etwa 5 Millionen zunehmen wird.
In den kommenden 10 Jahren wird die Zahl der Jugendlichen, die das arbeitsfähige Alter erreichen, besonders hoch sein und im Durchschnitt mehr als 4 Millionen jährlich betragen. Demgegenüber wird die Zahl der Erwerbspersonen, die das Ruhestandsalter erreichen, anormal niedrig sein, mit einem Jahresdurchschnitt von nur 2,5 Millionen pro Jahr.
Diese Zahlen dürften allerdings nur gelten, sofern keine grundlegenden Änderungen in der Dauer der Lebensarbeitszeit eintreten.
Eine Frage übrigens, zu der sich Kommission und Ministerrat nur sehr vorsichtig und zaghaft äußern.
Der Mangel an Arbeitsplätzen trifft die jungen Jahrgänge besonders hart. Im Jahre 1977 entfielen 37 Prozent aller Arbeitslosen auf junge Menschen bis zum 25. Lebensjahr, die ihrerseits jedoch nur etwa 17 Prozent der Erwerbspersonen ausmachen. Die Arbeitslosenquote bei den Jugendlichen unter 20 Jahren beträgt in etwa das Dreifache des Gesamtdurchschnitts.
Die Maßnahmen selbst, die im Rahmen der Ausweitung des Sozialfonds erfolgen sollen, beziehen sich jedoch weniger auf den Bereich der beruflichen Bildung, sondern beinhalten Einstellungsprämien und Prämien zur Erhaltung von Arbeitsplätzen sowie Beihilfen zur Beschäftigung Jugendlicher im Rahmen von Tätigkeiten im gemeinnützigen Interesse.
Bereits ein Jahr zuvor, im Jahre 1977, hatte die Kommission aufgrund einer nachdrücklichen Intervention der »Triparitätischen Arbeitsmarktkonferenz« eine Empfehlung über Maßnahmen zur beruflichen Vorbereitung Arbeitsloser oder von Arbeitslosigkeit bedrohter Jugendlicher herausgegeben.
Hier wurden eine Anzahl von Maßnahmen im Bereich der Berufsberatung, die Verbesserung der Kulturtechniken, die Verbesserung der Sozialisation des einzelnen und der Hinführung zur Wirtschafts- und Arbeitswelt gefordert.
Eine breit angelegte praktische Grundausbildung soll den jungen Menschen zur Erlernung eines qualifizierten Berufes befähigen und ihn zur weiterführenden Ausbildung anhalten. Von Arbeitslosigkeit bedrohte Jugendliche sollen zeitlich die Möglichkeit erhalten, an Berufsvorbereitungsmaßnahmen teilzunehmen, unter Sicherung ihres Unterhaltes.
Es ist anzunehmen, daß auch diese Empfehlung motivierend auf die einzelnen Regierungen wirkte und der Ministerrat erwähnt ausdrücklich, daß es

nunmehr auch Aufgabe des »Europäischen Zentrums für die Förderung der Berufsausbildung« ist, die Durchführung der Empfehlung zu verfolgen.
Mit der Errichtung des »Europäischen Zentrums zur Förderung der Berufsbildung« wurde die dritte Etappe der Bemühungen eingeleitet, eine »Europäische Berufsbildungspolitik« zu verwirklichen.

Bessere Voraussetzungen durch das »Europäische Zentrum«

Schon relativ früh hatte es sich gezeigt, daß die Administration der EG aufgrund von Struktur und Organisation, aber auch aufgrund ihrer zahlenmäßigen personellen Besetzung, nicht in der Lage ist, vor allem auf dem Gebiet der Forschung und Entwicklung, der Durchführung von Modellmaßnahmen sowie übergreifender Aktionen im Bereich der beruflichen Bildung, die Aufgaben voll zu erfüllen.
Hier mußten in der Art einer Selbstverwaltungseinrichtung bessere Voraussetzungen geschaffen werden.
Daß dies möglich wurde, ist nicht zuletzt auf die andauernden Bemühungen des »Wirtschafts- und Sozialausschusses« seit Mitte der 60er Jahre, des »Beratenden Ausschusses« und der europäischen Zusammenschlüsse der Gewerkschaften zurückzuführen.
Am 10. Februar 1975 wurde durch Verordnung des Ministerrates das »Europäische Zentrum für die Förderung der Berufsbildung«, mit Sitz in Berlin, zunächst auf dem Papier geschaffen und trotz vieler Schwierigkeiten konnte als erste gezielte Maßnahme bereits im Jahre 1976 eine gemeinsame »Konferenz über Jugendarbeitslosigkeit und Berufsbildung« durchgeführt werden, mit beachtlichen Ergebnissen, Aussagen und Vorschlägen, die nunmehr weiter verfolgt werden.
Große Erwartungen werden in das »Europäische Zentrum« gesetzt, und es ist sicher gut, die Erwartungen auf das Maß des Möglichen einzuschränken.
Zusammenfassend ist festzustellen, daß es wohl eine gemeinsame Berufsbildungspolitik der »Europäischen Gemeinschaft«, soweit es die Ziele angeht, gegeben hat und gibt, daß es aber die vorgesehenen, umfassenden, möglichst alle Bereiche abdeckendean Maßnahmen und Aktionen nicht oder noch nicht gibt. In wichtigen Teilbereichen wurden Erfolge erzielt, andere Aufgaben bedürfen noch der zielgerechten Lösung.

Indirekte Wirkungen

Die indirekten Wirkungen der Tätigkeit der »Europäischen Gemeinschaft« auf dem Gebiet der beruflichen Bildung waren und sind ebenfalls beachtlich.

Modelle, wie »Controle Continue«, also der Versuch einer kontinuierlichen Feststellung des Lernfortschrittes, im Gegensatz zu der in der Bundesrepublik üblichen punktuellen Prüfung und die gegenseitige Anerkennung von Ausbildungsabschlüssen zwischen Frankreich und Deutschland. Ohne die Europäische Gemeinschaft und ohne die Zusammenarbeit über die nationalen Grenzen hinweg wäre dies nicht denkbar.
Diese Beispiele könnten sicherlich auf viele Bereiche der beruflichen Bildung und auch auf die Bekämpfung der Jugendarbeitslosigkeit durch Maßnahmen der beruflichen Vorbereitung und Berufsausbildung und durch spezielle Förderungsmaßnahmen ausgedehnt werden.
Insgesamt wäre zu wünschen, daß der dritte Anlauf gelingt, mit dem »Europäischen Zentrum für die Förderung der Berufsausbildung« und durch dasselbe zu einer abgestimmten europäischen Berufsbildungspolitik insgesamt zu gelangen, damit zumindest nach und nach die noch immer vorhandenen Lücken geschlossen und die immer dringlicher werdenden Aufgaben, zum Beispiel im Bereich der Jugendarbeitslosigkeit und der Verwirklichung der Chancengleichheit der weiblichen Jugendlichen und der Frauen, der Hilfe für benachteiligte Gruppen, aber auch der Herstellung der Gleichwertigkeit von »beruflicher Bildung mit der sogenannten Allgemeinbildung«, systematisch angepackt und gelöst werden können.

Hier seien nur einige Beispiele erwähnt:

- Während bereits im Beratenden Ausschuß für die Berufsausbildung der EG Regierungsvertreter und Beauftragte der Gewerkschaften und der Unternehmerorganisationen zusammenarbeiten, fehlte ein derartiges Gremium in vielen Mitgliedstaaten der EG, darunter auch in der Bundesrepublik.
  Die Erkenntnis der Notwendigkeit einer Zusammenarbeit auf nationaler Ebene wurde über die EG immer zwingender, und es entstand der Gesprächskreis für berufliche Bildung bei den zuständigen Bundesministern und mit dem Berufsbildungsgesetz der Bundesausschuß für Berufsbildung.
- Der Mangel an notwendiger Forschungs- und Entwicklungsarbeit auf europäischer Ebene trug sicher dazu bei, diese Arbeit im nationalen Bereich zu verstärken, und z. B. in der Bundesrepublik das Bundesinstitut für Berufsbildungsforschung ins Leben zu rufen.
- Der europäische Gedanke einer möglichst polivalenten Ausbildung fand seinen Niederschlag in der Bundesrepublik durch die Schaffung einer möglichst breiten Berufsgrundbildung und erst späteren Spezialisierung, sowie im Bestreben, bisherige Berufe zu zukunftsvollen Ausbildungsberufen zusammenzufassen.

- Der höhere Theorienanteil in verschiedenen Berufsbildungssystemen europäischer Länder trug sicher dazu bei, auch in der Bundesrepublik diese Frage zu prüfen und den schulischen Anteil auszubauen – wie andererseits die stärkere Praxisbezogenheit der Berufsausbildung in der Bundesrepublik ohne Zweifel auch Auswirkungen auf die Praxis der beruflichen Bildung in anderen Ländern der Europäischen Gemeinschaft hatte.

Helmut Brumhard

Gemeinsame Politik der EG auf dem Gebiet der Berufsbildung? – Die Sicht der Arbeitgeberseite

Ausgangssituation

Die Frage nach einer gemeinsamen Politik der EG-Länder auf dem Gebiet der Berufsbildung ist im eigentlichen Sinne keine Frage mehr. Wenn Bildungs- und Berufsbildungspolitik auch nicht am Anfang der Europäischen Gemeinschaft als eine ihrer ersten Aufgaben gestanden hat, ist doch aus unserer heutigen Sicht festzustellen, daß die Interdependenz der politischen Ansätze der Gemeinschaft sowie die gesellschaftliche, wirtschaftliche und technologische Entwicklung verbietet, Bildungs- und Berufsbildungspolitik auszuklammern und der nationalen Ebene vorzubehalten. Es kommt hinzu, daß eine Gemeinschaft von Staaten, die die geographische Freizügigkeit ihrer Menschen als eines der fundamentalen Prinzipien ihres Konzeptes betrachtet, sehr schnell bei der Umsetzung dieses Prinzips auf die Notwendigkeit stößt, die Voraussetzungen hierfür zu erleichtern. Dabei spielt dann die berufliche Bildung eine ganz besondere Rolle, so daß sie letztlich die entscheidende Grundlage für Arbeit und Brot des einzelnen darstellt.
In dieser Erkenntnis hat die gegenseitige Anerkennung von Diplomen, Zeugnissen und sonstigen Befähigungsnachweisen sowie die berufliche Aus- und Fortbildung der Arbeitnehmer, allerdings unter sozialpolitischem Aspekt gesehen, bereits Eingang in die Römischen Verträge gefunden.

Zwischenergebnisse

War so schon früh zumindest der Hinweis auf die Notwendigkeit gemeinsamer Berufsbildungspolitik gelegt, hat es doch eine ganze Reihe von Jahren gedauert, bis in weiteren Schritten Möglichkeiten und Ziele des Zusammenwirkens erstmals genauer formuliert wurden. Zunächst ist auf die Aufstellung allgemeiner Grundsätze für die Durchführung einer gemeinsamen Politik der Berufsausbildung »10 Grundsätze« von 1963 hinzuweisen. Am

26. Juli 1971 nahm der Ministerrat die Allgemeinen Leitlinien zur Ausarbeitung eines gemeinsamen Tätigkeitsprogramms auf dem Gebiet der Berufsbildung an. Als weiterer bedeutsamer Schritt kann die Einrichtung des »Europäischen Zentrums für die Förderung der Berufsbildung« (CEDEFOP) in Berlin aufgrund der Verordnung des Rates vom 10. 2. 1975 gelten, mit dem ein Instrument geschaffen wurde, das echte Hilfen für gemeinschaftliche Probleme im Bereich der beruflichen Bildung gewähren soll. Es kann insofern als Grundstein und besonderer Ausdruck einer eigenen Berufsbildungspolitik der EG gelten.
Im übrigen sei darauf hingewiesen, daß die Berufsausbildung in der Sozialpolitik der Gemeinschaft und besonders in den Ausgaben im Rahmen dieser Politik eine sehr wichtige Stelle einnimmt. Die 360 Millionen Rechnungseinheiten, die im Haushalt 1977 für die Sozialpolitik vorgesehen waren, wurden fast völlig im Rahmen des Sozialfonds angewendet. Der Sozialfonds hat aber wiederum 90% seiner Mittel für Berufsausbildung bestimmt. Andererseits: um die relative Bedeutung dieser Summe deutlich zu machen, diese 360 Millionen Rechnungseinheiten machen nur ungefähr die Hälfte der Aufwendungen der Gemeinschaft für die Milch aus.

Rahmenbedingungen

Betrachtet man diese Ergebnisse, sind es sicherlich einerseits Erfolge; auf der anderen Seite sollten sie davon nicht ablenken, daß die Entwicklung nach Europa auch im Bereich der Bildung und Berufsbildung sich in erster Linie nach wirtschaftlichen Bedürfnissen und Interessen orientiert.
Dies ist sicherlich auch der entscheidende Grund, warum die genannten Beschlüsse und noch eine ganze Reihe weiterer Protokolle und Dokumente als Ausdruck gemeinsamer Bemühungen weitgehend auf dem Papier blieben. Darüber hinaus liegt dies daran, daß bis heute parlamentarischer Druck, politisch klar definierter Wille oder gar Zwang zu Ergebnissen nicht vorhanden sind. Dabei scheint im Grunde die Situation in allen europäischen Ländern so, daß nach dem Abflauen der Reformeuphorie der 60er/Anfang 70er Jahre Bereitschaft zur Aufnahme nüchterner politischer Impulse durch die Gemeinschaft unter dem Eindruck von Fragen und Forderungen, die sich erst in den letzten Jahren in großer Deutlichkeit herausgestellt haben, besteht. Hier ist einmal die Problematik der Beziehung zwischen Bildungs- und Beschäftigungssystem zu nennen, die mit der Frage der Bindung der Bildung an wirtschaftliche Gegebenheiten die Frage der »richtigen Bildung« und des Eigenwerts der Bildung besonders deutlich aufwirft; zum anderen ist erfor-

derlich, der beruflichen Bildung ihren richtigen Stellenwert zu geben. Dies muß notwendigerweise in allen Staaten nicht nur zum Überdenken des Verhältnisses zur sogenannten Allgemeinbildung, sondern letztlich zu einer Neuorientierung der Bildungsinhalte sowie ihrer Bewertung führen. Nur längerfristige bildungs- und berufsbildungspolitische Überlegungen sind in der Lage, hier gemeinsam richtige Weichenstellungen herbeizuführen.
Schon längst nicht mehr darf berufliche Bildung als ausschließliche Vorbereitung auf die Übernahme bestimmter Tätigkeiten im Arbeitsprozeß gesehen werden. Sie muß als Bildungsveranstaltung, die den gesamten Menschen auch in seinen humanen und sozialen Befähigungen fördert, erkannt und fortentwickelt werden. Allerdings gilt es auch, die große Gefahr zu vermeiden, die berufliche Bildung in falschem Verständnis mit zu viel Anteilen allgemeiner Bildung zu befrachten und sich dadurch von der konkreten Orientierung an Ansprüchen der Arbeits- und Berufswelt zu entfernen.
Diese Aspekte, aber auch die Auswirkungen demographischer Entwicklungen im Bildungsbereich sowie die Zwänge aus dem Vorhandensein begrenzter Ressourcen, geben gemeinsamen Überlegungen in der EG die Chance einer Anstoß- oder Impulswirkung.

Voraussetzungen in den EG–Ländern

Dies gilt auch angesichts des Umstands, daß die Voraussetzungen in den einzelnen Ländern bei der Vielfalt gewachsener Traditionen und bestehender Bildungssysteme unterschiedlich sind. So hat die Bundesrepublik Deutschland eine Situation, in der die Berufsbildung fast ausschließlich im dualen System, d. h. in Bildungsgängen in Betrieb und Schule vermittelt wird, während sich in anderen Ländern teilweise mehr, teilweise weniger die Berufsausbildung im schulischen Bereich vollzieht. Trotz derartiger Unterschiede treten die Probleme ähnlich auf. Ihre Gewichtung sowie die Rangfolge ihrer Lösungsaspekte stellen sich allerdings unterschiedlich dar.

Aufgaben der Berufsbildungspolitik

Welche konkreten Bereiche sind anzugehen, und welche Wege empfehlen sich? Ohne eine unzulässige Vereinfachung vorzunehmen, läßt sich sagen, daß alle europäischen Länder, wenn auch gradmäßig unterschiedlich, zur Zeit unter den Auswirkungen wirtschaftlicher, technologischer und struktureller Belastungen leiden. Unter dem Aspekt der beruflichen Bildung werden regelmäßig die Probleme der Jugendarbeitslosigkeit, der Problematik der Wanderarbeitnehmer sowie der Frauenbeschäftigung herausgegriffen. Ihre Beseitigung ist Ziel vieler Programme, Initiativen und Überlegungen. Deutlich muß jedoch angemerkt werden, daß die berufliche Bildung nur ein Aspekt und ein sehr geringer für ihre Lösung sein kann und diese Probleme daher auch richtiger in anderen Zusammenhängen, nämlich der Sozial-, der Arbeitsmarkt- oder der Wirtschaftspolitik vorrangig zu betrachten sind. Die Berufsbildung und die Berufsbildungspolitik stellen keine zusätzlichen Arbeitsplätze, beseitigen daher auch keine Arbeitslosigkeit; dieses ist und bleibt Aufgabe einer aktiven Wirtschafts- und Arbeitsmarktpolitik. Es ist notwendig, dies von vornherein deutlich zu machen, um die Berufsbildungspolitik nicht, wie vielerorts geschehen, mit völlig falschen Hoffnungen zu befrachten.

Berufsbildungspolitik kann nur mittel- und langfristig für den einzelnen bessere Voraussetzungen und damit bessere Lösungsmöglichkeiten für auftretende Probleme in der Gesellschaft schaffen, denn auf alle Problemgruppen bezogen steht außer Zweifel, daß derjenige, der eine gute Ausbildung besitzt, auch bessere Chancen hat, vor der Arbeitslosigkeit bewahrt zu bleiben.

Es gibt aber darüber hinaus in allen Ländern eine Vielzahl gleichartiger Probleme, die berufsbildungspolitisch relevant sind. Ich will hier nur einige aufzählen:

- Der Übergang von der Schule in die Arbeits- und Berufswelt. Hiermit meine ich die richtige Vorbereitung unterschiedlich begabter und veranlagter junger Menschen auf die Berufs- und Arbeitswelt, insbesondere in bezug auf die Erlangung der Ausbildungsreife.
- Die richtige Gestaltung der Bildungs- und Ausbildungsgänge und ihre Anpassung an wirtschaftlichen, gesellschaftlichen und technischen Wandel. Hierzu gehört insbesondere auch die Schaffung praxisgerechter Endqualifikationen (Berufe) sowie die Durchführung am richtigen Lernort bei Beachtung der notwendigen Praxisnähe und Erzielung von Berufserfahrung.
- Der Übergang von der Ausbildung in das Beschäftigungssystem. Die Umsetzung der Notwendigkeit lebenslangen Lernens in eine bedarfsgerechte und flexible Weiterbildung.
- Die Schaffung besonderer Hilfen für Lernbenachteiligte und Behinderte.
- Die kurzfristige Schaffung von genügend qualifizierten Ausbildungsplätzen, insbesondere für die geburtenstarken Jahrgänge.

Zu den zentralen qualitativen Problemen gibt es die quantitativen Probleme aus der demographischen Entwicklung und der Ressourcensituation, die

unter dem Gesichtspunkt der Berufsbildung vorübergehende sind und daher hier nicht im Vordergrund stehen.
Aus der unterschiedlichen nationalen Situation und den vorliegenden Erfahrungen ergeben sich die wesentlichen Hinweise für gemeinsames Vorgehen. Die Zusammenarbeit der europäischen Staaten im Rahmen einer Berufsbildungspolitik kann sich nicht an der Idee einer Harmonisierung oder gar Vereinheitlichung der nationalen Bildungssysteme ausrichtet[1]. Dies erscheint weder möglich noch wünschenswert, so daß eine Vielzahl verschiedener Systeme sozusagen in Konkurrenz auf Sicht jeweils die positiven Aspekte stärken dürfte. Im Vordergrund muß bei einer gemeinsamen Problembetrachtung die Erarbeitung konkreter Lösungsformen für konkrete Fragen stehen. Eine vergleichende Situationsanalyse problembezogen, insbesondere hinsichtlich der Rahmenbedingungen und Entwicklungstendenzen, hat eine zentrale Bedeutung. Dem Austausch von Informationen über derartige Untersuchungen und über nationale Lösungen kommt eine hervorragende und weit höhere Bedeutung für die Praxis zu als die Erarbeitung programmatischer Aussagen. Es ist zu erwarten, daß vergleichende Untersuchungen Informationen über nationale Lösungswege im praktischen Berufsbildungsprozeß in den einzelnen Ländern zu Anstößen führen, die positive Gemeinsamkeiten fördern und auch die Systeme letztlich einander näherbringen. Damit wird dann aber auch ein Ziel erreicht, daß heute noch auf Schwierigkeiten stößt, nämlich die in den einzelnen Ländern vermittelten Qualifikationen und Berechtigungen in ein transparentes Verhältnis zueinander zu bringen und so eine bessere Grundlage für das Prinzip der Freizügigkeit zu schaffen.

Europäisches Zentrum für die Förderung der Berufsbildung

Dem »Europäischen Zentrum für die Förderung der Berufsbildung« ist hier eine große Aufgabe zugewachsen. Es hat sich jenseits der Setzung bildungspolitischer Grundaussagen in europäischen Dimensionen konkret als Motor und Multiplikator in der Tagesarbeit zu bewähren. Es ist so angelegt, daß es sich dabei als selbständige Gemeinschaftseinrichtung auf die Mitarbeit der Kommission, der EG-Staaten sowie der Arbeitgeber und Arbeitnehmer stützen kann. Es hat sich schon in der kurzen Anlaufphase gezeigt, daß die vielen »Köche« hierbei »den Brei« nicht unbedingt verderben müssen. Ins-

1 vgl. o. S. 11, 18, 25–26

besondere gewinnen die unterschiedlichen Betrachtungen der Gruppen in diesem anderen Rahmen veränderte Bedeutung. Gruppendifferenzen, z. B. zwischen Arbeitgebern und Arbeitnehmern lassen sich häufig auf zentrale, nicht berufsbildungsspezifische Daten reduzieren.
Das Europäische Zentrum ist allerdings teilweise mit Erwartungen befrachtet worden, denen es naturgemäß in seiner Anlaufphase noch nicht gerecht werden konnte. Gilt es doch, von seiner Konzeption und von den Anforderungen her drei Aufgaben gleichermaßen zu erfüllen: die Kommission bei der Durchführung einer Reihe operationeller Aufgaben oder besonderer Maßnahmen zu unterstützen, für Vertreter der Arbeitgeber und Arbeitnehmer sowie der Mitgliedstaaten ein dezentralisiertes Forum der praktischen Zusammenarbeit auf Gemeinschaftsebene in konkreten Fragen zu sein sowie öffentlichen und privaten Ausbildungsträgern in einzelnen Ländern einen konkreten Arbeitsrahmen für Erfahrungsaustausch und Erarbeitung von Problemlösungen zu geben. Aus dieser Aufgabensicht und auf dem Hintergrund der Satzungsvorschriften war es darüber hinaus zunächst notwendig, konkrete Arbeitsansätze zu entwickeln und in Arbeitsprogramme umzusetzen. Die Verordnung vom 10. Februar 1975 formuliert als Aufgaben des Zentrums, neben der Unterstützung der Kommission insbesondere die Förderung des Informations- und Erfahrungsaustauschs; eine ausgewählte Dokumentation, vor allem über den jeweiligen Stand der Erkenntnisse der neuesten Entwicklungen und der Forschungsarbeiten auf den einschlägigen Gebieten sowie über die Probleme hinsichtlich der Strukturen der Berufsbildung zu erstellen, zur Weiterentwicklung und Koordinierung der Forschung auf den genannten Gebieten beizutragen, die Verbreitung zweckdienlicher Informationen und Dokumentation zu gewährleisten sowie die Initiativen zu fördern und zu unterstützen, durch die eine konzentrierte Lösung der Probleme der Berufsbildung erleichtert werden kann. In diesem Rahmen soll die Tätigkeit des Zentrums vor allem der Frage der Angleichung der beruflichen Ausbildungsniveaus gelten, damit insbesondere eine gegenseitige Anerkennung der Prüfungszeugnisse und sonstigen Nachweise über den Abschluß der Berufsausbildung erreicht wird.
Die Bemühungen um die Schaffung eines konkreten Arbeitsprogramms haben inzwischen ein Stadium erreicht, das weit über eine Problemauflistung hinausgeht und einen Konsens der Beteiligten in der Bedeutung, der Lösung und der Förderung wesentlicher Problembereiche der beruflichen Bildung darstellt. Die Berufsbildungsprobleme im Zusammenhang mit der Jugendarbeitslosigkeit sollen im Jahre 1978 mit besonderer Dringlichkeit behandelt werden. Dabei geht es im einzelnen insbesondere um die Verbesserung der Kenntnisse der in verschiedenen EG-Staaten ergriffenen Maßnahmen, um

die Untersuchung und Erforschung der Berufswahl und Motivationslage der Jugendlichen einschließlich der Verbesserung der Bedingungen für den Übergang von der Schule in die Arbeitswelt.
Die Auswertung durchgeführter Seminare läßt neben der Möglichkeit des Informationsaustauschs Aspekte für eine gemeinsame Entwicklung zu. Die Untersuchung dessen, was in den einzelnen Ländern gegenwärtig vor sich geht, in vergleichenden Analysen der nationalen Berufsbildungsqualifikation ist ebenfalls vordringlich zu behandeln. Diese Analyse soll Informationen über Problembereiche, Entwicklungstendenzen und Finanzierungsformen einschließen. Die Kenntnis der unterschiedlichen Verhältnisse wird zweifellos Anregungen zur Vermehrung und besseren Abstimmung der Entwicklung in den einzelnen Ländern geben. Sobald geeignete Voraussetzungen geschaffen werden können, sollen sich auch vergleichende Analysen der Ausbildungsebenen und Berufe anschließen. Eine wichtige Aufgabe stellt auch die Untersuchung der Auswirkungen des technischen Fortschritts auf die Berufsbildung sowie der Beziehung der Entwicklung zwischen der Arbeitsorganisation und Berufsbildung dar. Für bestimmte Branchen, das haben durchgeführte Seminare und Sachverständigengespräche gezeigt, vermögen diese Untersuchungen Hinweise für Fortentwicklungen in einzelnen Ländern, aber auch gemeinsame Lösungsmöglichkeiten zu geben.
Das Zentrum bemüht sich weiter um Beiträge zur Förderung der Chancengleichheit der Frauen beim Zugang zur beruflichen Bildung sowie dem Problemkomplex der Berufsbildung für Wanderarbeitnehmer (ausländische Arbeitnehmer und deren Kinder). Schließlich sollen die Probleme der Weiterbildung, insbesondere der Ausbildung der Ausbilder, aufgegriffen werden.
Eine permanente und besonders wichtige Aufgabe des Zentrums ist die der Schaffung geeigneter Informationsmedien. Hier steht im Vordergrund die Herausgabe des Berufsbildungsbulletins sowie die Schaffung eines Glossars der Berufsbildung, das als Hilfsinstrument für alle Bereiche zum besseren Verständnis beitragen soll.

Ausblick

Zusammenfassend möchte ich gemeinsamen europäischen berufsbildungspolitischen Bemühungen wachsende Bedeutung und Chancen einräumen. Neben den Grenzen in der Sache werden die gesamtpolitischen Rahmenbedingungen, aber insbesondere auch die engeren Voraussetzungen für eine Zusammenarbeit, entscheidend sein. Hier bin ich geneigt, den unendlich vielen praktischen Schwierigkeiten ebenso große Bedeutung zu geben wie der

Politisierung der Bildungsfragen, die häufig zu einer Blockierung führt. Hinreichende Mittel für die Durchführung der Aktionsprogramme sind ebenso wichtig wie für die gute Verständigung ein intakter Sprachendienst. Das sicherlich immer noch bestehende Mißtrauen der Staaten untereinander wird umso eher überwunden werden, als die Bemühungen auf konkrete Lösungen abzielen.

Roger Faist

Welchen Beitrag kann die Berufsbildung zur Verbesserung der Beschäftigungsperspektiven für die Jugendlichen leisten?

Die Ausgangslage

Im Hinblick auf die Sicherung einer Beschäftigung für jeden (was im übrigen die Entwicklung der Wirtschaftspolitik und eng damit verbunden der Sozialpolitik vorausgesetzt) und im Hinblick auf eine Beschäftigung, die es erlaubt, sich berufliche Fähigkeiten und Fertigkeiten im Verlauf des Berufslebens anzueignen, müssen die Mitgliedsländer eine entschiedenere Bildungspolitik betreiben.
Man kann nicht länger akzeptieren, daß ein bedeutender Teil der jeweiligen Altersgruppe in das Erwachsenenleben eintritt und 5–10 Jahre im Berufsleben verbleibt, ohne zumindest eine berufliche Erstqualifikation, z. B. des Niveaus eines Facharbeiters, erworben zu haben.

Die Angelpunkte

1 Die Arbeitsplätze, darunter insbesondere diejenigen Arbeitsplätze, welche Jugendlichen mit Bildungs- bzw. Berufsbildungsdefiziten angeboten werden, müssen als Bestandteil eines Bildungsprozesses angelegt werden. Es ist grundlegend wichtig, daß die Arbeit Kompetenzen entwickelt, welche zu einer späteren Wiederaufnahme einer Ausbildung herausfordern. Wenn dies nicht der Fall ist, dann kann z. B. der durch eine Berufsvorbereitungsmaßnahme angegangene Ausbildungsprozeß umsonst sein, die Jugendlichen riskieren, in eine Randgruppenlage abgedrängt zu werden.

2 Der Zugang zur Berufsbildung darf weder durch eine offene noch durch eine verdeckte Auswahl weiterhin auf der Basis von erreichten schulischen Leistungen allein geregelt werden. Notwendig ist vielmehr, schon in der

Schule gegen Behinderungen und schulische Defizite anzugehen. Auch ist es notwendig, schon weit vor einer bestimmten beruflichen Orientierung, Unterricht in Arbeitslehre, praktischer Arbeit, sowie die Vermittlung der Kenntnisse über die Produktionsverfahren und das Arbeitsleben in die schulischen Inhalte mit aufzunehmen.

3 Die berufliche Bildung muß den Jugendlichen übertragbare Fähigkeiten und Fertigkeiten vermitteln, d. h. sie müssen in der Lage sein, innerhalb eines relativ breiten Berufsfeldes zu wechseln. Eine solche Konzeption erfordert:

- auf der einen Seite die Gründung jeglicher Fachbildung auf eine solide Grundbildung, welche die notwendigen intellektuellen Fähigkeiten entwickelt, um in der konkreten Arbeitssituation mitentscheiden und anregen zu können, und die solche Kenntnisse vermittelt, daß sich vollziehende Änderungen verstanden werden können, und
- auf der anderen Seite die Fachbildung so anzulegen, daß sie eine Vertiefung der intellektuellen Fähigkeiten darstellt und zwar sowohl was den Erwerb von Fachkenntnissen als auch von fachspezifischen Fertigkeiten betrifft. Auf diesem Gebiet ist es erforderlich, vielfältige Erfahrungen zu machen und sie auszutauschen. In diesem Zusammenhang scheint es insbesondere erforderlich, daß ein neues Gleichgewicht zwischen den Verantwortlichkeiten des Bildungssystems und den Betrieben bezogen auf die Ausbildung hergestellt wird.

4 Bis vor einiger Zeit noch schienen Maßnahmen zur Erzeugung einer minimalen beruflichen Vorbereitung und Ausbildung für die Jugendlichen ohne Hauptschulabschluß und/oder ohne jegliche Berufsqualifikation ausreichend zu sein.
Diese Maßnahmen, die den Zugang zu einer ersten Beschäftigung/einem ersten Arbeitsplatz durch Lehrgänge kurzer Dauer sichern sollten, können allerdings nicht aus sich heraus eine Lösung des Problems herbeiführen. Sie können jedoch dann eine Bedeutung erlangen, wenn sie eine erste Stufe einer Bildungsstrategie darstellen. Ein vielfältiges Ausbildungsangebot muß darüber hinaus über einen gewissen Zeitraum hinweg einen Wechsel zwischen Perioden der Beschäftigung und Perioden der Ausbildung/Weiterbildung ermöglichen.
Eine solche Strategie führt zur Ausweitung des Ausbildungsangebots für Erwachsene. Sie unterstellt dabei Fortschritte in der sozialen und materiellen Absicherung bei Teilnahme an der Weiterbildung, ohne daß dabei der Arbeitsvertrag notwendigerweise aufgelöst wird.

Schlußfolgerung

Neue Formen der Zusammenarbeit zwischen dem Bildungs- und dem Beschäftigungssystem müssen entwickelt werden. Dabei muß jedoch darauf geachtet werden, daß die Bildungspolitik nicht zu sehr von den Anforderungen des Arbeitsmarktes abhängig wird.
In den Ländern, wo z. B. die Berufsbildung vorwiegend in Schulen stattfindet, muß sie sich den Betrieben öffnen. Und in den Ländern, wo sie vorwiegend in Betrieben stattfindet, müssen die allgemeinen schulischen Grundlagen verbessert werden.
Die Entwicklung einer gemeinschaftlichen Berufsbildungspolitik der EG-Länder voranbringen, heißt vielleicht heute zunächst den Erfahrungs- und Gedankenaustausch zwischen ihnen fördern, damit man voneinander lernen kann. Es gibt kein vorbildliches System, welches nicht einer dynamischen Entwicklung, d. h. Wandel, Fortschritt oder Reform, unterliegt.

Autorenverzeichnis

Helmut Brumhard

geboren 1938. Studium der Rechte in Bonn. Zweites Staatsexamen in Bonn 1965. Rechtsanwalt. Geschäftsführer bei der Kreishandwerkerschaft in Bonn 1966–1970. Ausbildungsdezernent und Justitiar bei der Handwerkskammer zu Köln 1971–1973. Seit 1973 Geschäftsführer des Kuratoriums der Deutschen Wirtschaft für Berufsbildung in Bonn. Mitglied des Hauptausschusses des Bundesinstituts für Berufsbildung seit 1976. Mitglied des Verwaltungsrates des Europäischen Zentrums für die Förderung der Berufsbildung seit 1975.

Wolfgang Buss

geboren 1932. Studium der Rechtswissenschaften und politischen Wissenschaften an den Universitäten Kiel, Freiburg im Breisgau und Genf von 1953 bis 1958; 1965 bis 1966 Lehrauftrag für politische Bildung an der Pädagogischen Hochschule Kiel; 1965 bis 1968 Tätigkeit im Sekretariat der Ständigen Konferenz der Kultusminister, Bonn; 1968 bis 1970 Mitarbeiter in der Geschäftsstelle des Wissenschaftsrates, Köln; seit 1970 im Bundesministerium für Bildung und Wissenschaft; Hauptarbeitsbereich: Fragen der bilateralen und multilateralen Zusammenarbeit in Bildung und Wissenschaft.

Roger Faist

geboren 1929 in Paris, Ingenieur-Studium (Mechanik, Elektromechanik) in Frankreich (Lille, Paris). 1952–1964 Diplom-Ingenieur im Bereich der Sintermetallurgie in Frankreich, 1964–1976 Gewerkschaftsfunktionär in der CFDT (Frankreich), seit 1977 Direktor des Europäischen Zentrums für die Förderung der Berufsbildung in Berlin.

Felix Kempf

geboren am 22. 2. 1924 in Freiburg/Brsg., besuchte im Anschluß an die abgeschlossene Schreinerlehre die Berufsbaufachschule. Nach Rückkehr aus russischer Gefangenschaft wurde er 1946 Mitglied der Gewerkschaft Holz. Schon bald wurden ihm Aufgaben im Rahmen der gewerkschaftlichen Jugendarbeit übertragen. Über verschiedene Funktionen stieg er auf bis zum Leiter der Abteilung Berufliche Bildung im DGB-Bundesvorstand (1965). Zur Zeit ist er Mitglied des Hauptausschusses des Bundesinstituts für Berufsbildung, stellvertretender Vorsitzender des Ständigen Ausschusses sowie Mitglied verschiedener internationaler Gremien: Beratender Ausschuß für berufliche Bildung bei der EG, Verwaltungsrat des Europäischen Instituts für Berufsbildung.

Gerhart Mahler

Geboren 1927, Studium der Pädagogik, Lehrer für Deutsch als Fremdsprache an der deutschen Schule Istanbul 1954–1961. Seit 1969 im Bayerischen Staatsministerium für Unterricht und Kultus; Ministerialrat und Leiter des Referats Schulaufsicht und fachliche Koordinierung von Unterricht und Erziehung an Grund- und Hauptschulen, Unterricht für ausländische Kinder und Jugendliche. Vorsitzender der Arbeitsgruppe »Unterricht für ausländische Schüler« in der Kultusministerkonferenz (KMK).

Jürgen Micksch

geboren 1941, Studium der Philosophie und Theologie in München, Heidelberg, Tübingen, Berlin, Erlangen und Neuendettelsau. Vikar in Regensburg 1965, Studieninspektor in Erlangen 1965–1966. Studium der Soziologie in Erlangen und Münster. Promotion (Dr. phil.) in Erlangen 1971. Pfarrer und seit 1974 Oberkirchenrat im Kirchlichen Außenamt der Evangelischen Kirche in Deutschland (EKD). Geschäftsführer des Ausschusses der EKD für den kirchlichen Dienst an ausländischen Arbeitnehmern und zugleich seit 1976 Sekretär des Ausschusses der Kirchen für Fragen ausländischer Arbeitnehmer in Europa.

Hermann Müller

geboren 1924, Studium (Philosophie, Soziologie, Deutsch und Geschichte) in Frankfurt, 1952 bis 1963 Realschullehrer, 1961 Promotion in Frankfurt, 1963 bis 1964 Mitarbeiter im Deutschen Institut für internationale pädagogische Forschung in Frankfurt. 1964 bis 1972 Studienrat bzw. Oberstudienrat im Hochschuldienst an der Abteilung für Erziehungswissenschaft der Universität Frankfurt. Seit 1972 Professor für Soziologie im Fachbereich Gesellschaftswissenschaften der Universität Frankfurt.

Hermann Schmitz-Wenzel

geb. 1932. Studium der Rechte in Mainz, München, Montpellier und Paris; Dr. jur.; 1956 Referendarexamen; 1960 Assessorexamen; 1960–1962 Bundesministerium der Justiz; 1963–1967 Vertretung des Landes Rheinland-Pfalz beim Bund; seit 1967 im Bundeskanzleramt, z. Z. Referatsleiter für Fragen der Forschungs- und Technologiepolitik, bis 1977 auch für Fragen der internationalen kulturellen Zusammenarbeit.

Rüdiger Stephan

geb. 1938. Studium in Heidelberg und Paris; Dr. phil.; 1963–1968 Lektor an einer Pariser Grande Ecole; zugleich Mitarbeiter der Außenstelle Paris des Deutschen Akademischen Austauschdienstes.
1972–1978 Leiter der Außenstelle Paris des DAAD, seit 1978 Leitung des Referats »Völkerverständigung« in der Robert Bosch Stiftung, Stuttgart.
Veröffentlichungen über die französische und deutsche Literatur, über französische Landeskunde und Fragen der internationalen Zusammenarbeit.

Klaus Winkel

geb. 1937. Studium der Rechte in Mainz und München, Graduiertenstudium in Straßburg, Promotion (Dr. jur.) 1968 in Mainz. 1967 Eintritt in das Bundesministerium für Wirtschaft mit langjähriger Tätigkeit im Europarecht und Mitwirkung an der Verwirklichung des Niederlassungsrechts.

Schriftenreihe des Arbeitskreises Europäische Integration e. V.

Band 1
Wirtschafts- und gesellschaftspolitische Ordnungsprobleme der Europäischen Gemeinschaften, mit Beiträgen von Prof. Dr. Ernst Dürr, Prof. Dr. Alfred Müller-Armack, Prof. Dr. Christoph Sasse, Prof. Dr. Heinrich Schneider, Prof. Dr. Manfed Zuleeg
1978, 144 S., 15,3 x 22,7 cm, Salesta kart., 23,– DM

Band 2
Die Grundrechte in der Europäischen Gemeinschaft, mit Beiträgen von Prof. Dr. Jochen Abr. Frowein, Dr. Meinhard Hilf, Prof. Dr. Karl Matthias Meessen, Prof. Dr. Hans Heinrich Rupp, Prof. Dr. Manfred Zuleeg
1978, 68 S., 15,3 x 22,7 cm, Salesta kart., 14,– DM

Band 3
Karl Matthias Meessen (Hrsg.)
Öffentliche Aufträge und Forschungspolitik, mit einem Geleitwort von Dr. Fritz Hellwig
1979, 175 S., 15,3 x 22,7 cm, Salesta kart., 38,– DM

Band 4
Die Europäischen Gemeinschaften im weltpolitischen und weltwirtschaftlichen Kräftefeld – Jahreskolloquium 1977, mit Beiträgen von Vicomte Etienne Davignon, Dr. Hans-J. Glaeser, Holger Mirek, Prof. Dr. Alfred Müller-Armack, Ph. D. Werner von der Ohe, Andreas-Michael Reinhardt, J. Robert Schaetzel, Drs. Edmund Wellenstein, Dr. Jürgen Wohlfahrt
1979, 81 S., 15,3 x 22,7 cm, Salesta kart., 21,– DM

Band 5
Die Kernenergie als Problem europäischer Politik – Jahreskolloquium 1978, mit Beiträgen von Dr. Wolfgang Harbrecht, Peter Jelinek-Fink, Prof. Dr. Hans Michaelis, Dr. Felix Oboussier, Detlev W. Rahmsdorf, Prof. Dr. Dietrich Rauschning, Dr. Günther Schuster, Dr. habil. Wulfdiether Zippel
1980, 119 S., 15,3 x 22,7 cm, Salesta kart., 26,– DM

Band 6
Hans R. Krämer (Hrsg.)
Die wirtschaftliche Nutzung der Nordsee und die Europäische Gemeinschaft
1979, 143 S., 15,3 x 22,7 cm, Salesta kart., 38,– DM

Band 7
Hermann Schmitz-Wenzel (Hrsg.)
Bildungspolitik in der Europäischen Gemeinschaft, mit Beiträgen von Helmut Brumhard, Wolfgang Buss, Roger Faist, Felix Kempf, Gerhart Mahler, Dr. Jürgen Miksch, Prof. Dr. Hermann Müller, Dr. Rüdiger Stephan und Dr. Klaus Winkel
1980, 109 S., 15,3 x 22,7 cm, Salesta kart., 33,– DM

Band 8
Hugo J. Hahn (Hrsg.)
Integration und Kooperation im Europäischen Währungswesen – Referate und Diskussionsberichte der interdisziplinären Tagung des Arbeitskreises Europäische Integration e. V. in Luxemburg, 22.–24. Februar 1979
1980, 180 S., 15,3 x 22,7 cm, Salesta kart., 34,– DM

Band 9
Georg Ress (Hrsg.)
Souveränitätsverständnis in den Europäischen Gemeinschaften
1980, ca. 176 S., 15,3 x 22,7 cm, Salesta kart., 46,– DM

Nomos Verlagsgesellschaft
Postfach 610 · 7570 Baden-Baden